罗马法民法大全翻译系列

CORPUS IURIS CIVILIS

DIGESTA

学说汇纂

（第二卷）

司法管辖

陈晓敏　译
[意]　司德法　校

中国政法大学出版社
2017·北京

OSSERVATORIO SULLA CODIFICAZIONE E SULLA FORMAZIONE DEL GIURISTA IN CINA NEL QUADRO DEL SISTEMA GIURIDICO ROMANISTICO

Università degli Studi di Roma "Tor Vergata"
"Sapienza" Università di Roma
Dipartimento Identità Culturale del CNR
Università della Cina di Scienze Politiche e Giurisprudenza (CUPL)

Volume stampato con il contributo dello stesso Osservatorio

DE IURISDICTIONE

Traduzione in cinese con latino a fronte

A cura di Sandro Schipani
Professore Senior di Diritto Romano, "Sapienza" Università di Roma

Traduzione in cinese di CHEN XIAOMIN
Dottore di Ricerca dell'Università degli Studi di Roma "Tor Vergata"

Revisione dell'intera traduzione ad opera di Stefano Porcelli
Assegnista di ricerca dell' "Osservatorio sulla codificazione e la formazione del giurista in Cina nel quadro del sistema giuridico romanistico"

Con la collaborazione del Centro dello Studio sul Diritto Romano e Italiano dell'Universita' della Cina di Scienze Politiche e Giurisprudenza (CUPL)

序

1. 本卷是民法大全中《学说汇纂》第二卷（D. 2.）的译本，包括15章：①关于【司法】管辖权；②立法者受自立之法的约束；③某人不服从司法者的规定的情况；④关于传唤出庭；⑤如果某人被传唤而不去法院或者某人传唤了依告示不应被传唤的人；⑥被传唤出庭的人提供【出庭】保证人或者作出【出庭】担保的要式口约；⑦避免某人以暴力使被传唤出庭者摆脱【出庭】；⑧被强制提供担保或者作出宣誓允诺的人，以及被强制自己承诺的人；⑨如果提起损害之诉，如何作出关于担保的要式口约；⑩由于其行为使某人不能出席审判的人；⑪如果订立要式口约保证出庭的人不遵守其保证；⑫关于节假日、延期审理和【暂停审判活动的】各种期间；⑬关于诉讼宣告和账目的出示；⑭关于简约；⑮关于和解。

如果阅读本卷除最后两章以外的内容，以及紧随其后的一些卷的大部分，我们很容易将这部分视为是关于"诉讼"的内容。然而，首先值得注意的是，本卷与前一卷的后半部分，即第一卷第十章以后的内容（D. 1, 10 ss.）存在连续性，该部分阐述的是各种执法官。因此，现在进而阐述高级执法官的权力，即治权。司法管辖权是治权中的一项特殊内容,是在当市民之间产生纠纷时,执法官为保障他们之间的和平而进行干预的【权力】。[1]其次要强调的是,在罗马法体系形成的时代,对于司法管辖权以及市民享有的,作为在执法官面前使自己的权利产生效力的工具的相应权利,人们使用"actio"(诉)和"iudicium"(审判),即"诉"的概念术语进行界定,而不是使用"诉讼"(processo)这一概念进行界定。这里的"诉"被理解为实体意义的"有依据的诉",从权利保护工具的角度来看,它就是权利本身,并且这个工具部分的参与塑造形成了该受保护的权利。[2]两者都是类型法定的。权利与诉是同一个事物的两面。"诉讼"这一法律范畴是对致力发掘某一争议法律情势真相的法官与当事人的活动的统称。采用这一范畴,既是为统一从事此类活动的正确规则,更加精细地构建彼此协调的规则提供概念基础,也是为构建与实体法相区分的诉讼法这一独立的类别提供基础,其产生的风险是将诉讼法与其实体功能,即服务于受保护的实体权利的功能分离开来。

仔细研究所涉及的这些章,我们可以看到第二卷所阐

---

[1] "对物的誓金法律诉讼"(legis actio sacramento in rem)的前一部分表明这一附形式的干预体现了如同在剧场的一幕的内容:参见 Gai. 4, 16,执法官面对将木棒放在争议物上的纠纷双方当事人,说道:"你们俩都放开这个物",并告诉他们仲裁人的裁判结果(参见[古罗马]盖尤斯:《法学阶梯》,黄风译,中国政法大学出版社 1996 年版,第 292 页)。

[2] 这植根于对物之诉与对人之诉这一关于诉的基本划分,以及作为其结果的物权与债权的基本划分(参见 J. 4, 6, 1.[古罗马]优士丁尼:《法学阶梯》,徐国栋译,中国政法大学出版社 2000 年版,第 455 页)。

述的问题是关于诉的实施的重要问题,即"通过审判诉求某人应得的权利"(J.4,6pr.)。

它们可以被归并为两大块:①司法管辖权,即要求通过诉来行使的职权;行使这种司法职权的人首要的是以公平的方式【行使该职权】;面对这一职权的行使,双方当事人的义务是服从对他们的裁判。②基于这些引入诉的行为,人们被确立为或者可以避免被确立为某一审判的当事人。

随后的第三卷所阐述的问题也可以被归入是关于诉的内容,该卷从"诉求"——其含义正是向执法官请求一个解决办法——开始论述,围绕这一中心问题及其关联问题延伸展开。支撑第四卷的内容,使之能够成为一个有机整体的仍然是诉和引入诉的行为。该卷以各种"恢复原状"为中心展开。这些"恢复原状"是裁判官引入的。裁判官在行使司法管辖权时,对于那些随着时间的经过本来会导致消灭的一方当事人的权利,他认为应当保护因而视为没有消灭,通过他引入的这些工具作如同没有发生某一法律行为或者法律事实的处理。D.5,1基本上为这类问题作出了结论,说明了应当在哪里起诉以及被诉。这【在《学说汇纂》中】是放在进入对单个的特别的诉的研究之前。[1]

---

[1] 这里我强调诉的中心地位与诉讼的组织构造并不对立,而是想要呼吁人们关注实体与程序问题之间的衔接这一罗马法上的特色,对此,古老的文献生动地向我们展示了诉讼对于实体权利而言是功能性的。在某种意义上,它是实体权利的外衣,而不是替代。关于罗马法上诉讼的概况,参见 G. Pugliese, *Il processo civile romano*, 1–2, Milano, 1961~1963, 以及同一作者所著的 gli *Scritti giuridici scelti*, 1–2 (prima parte), Napoli, 1985.

2. 第一章论述的主题是司法管辖权。[1]这一主题在前一卷的章节中，以及第五卷第一章中也部分地论述过。这些卷已经被翻译为中文，因此我们也会提到其中相关的文本。

本章的标题很可能是来源于关于私人审判改革的法律。这部法律使得程式诉讼可以一般性地适用于几乎所有市民法上的诉讼。该法律在盖尤斯《法学阶梯》（Gai. 4, 30）中被提到。[2]

短语"司法"（ius dicere，字面意思为"说/阐述法"）和名词"司法管辖权"（iurisdictio，字面意思为"法的阐明/宣告"）说明了执法官的职责是"宣告/阐明法律规定"，藉此使争议案件导向一个和平的解决。如前所述，被选定的执法官的这一活动是"治权"的体现，其在最古老的时代可能是原生的权力，但是伴随共和宪政的发展，"治权"当然就被恒定为是来源于选举执法官的人民的"权力"（potestas）。"说法"并不是行使司法管辖权的执法官所从事的唯一活动，但是是其中最具有意义的部分。一般在执法官面前进行的阶段之后，审判就进入第二阶段。在这一阶段，审判员查证【当事人和执法官】诉求的情形是否存在，并由此作出裁判。"说法"与"阐明法"向我们描述了"法律诉讼"时期与之后的"程式诉讼"

---

〔1〕 参见 F. De Martino, *La giurisdizione nel diritto romano*, Padova, 1937.

〔2〕 参见［古罗马］盖尤斯：《法学阶梯》，黄风译，中国政法大学出版社1996年版，第302页。

时期。[1]在这第二个时期,执法官的职责被导向也包含了对案件的某种简易审判。在越过"程式"时期之后,"案件审理"(causae cognitio)成为执法官在被压缩为一个阶段的诉讼中的主要活动。在这一最后的时期,执法官不再是被选择产生,而且还充任审判员。他应当依据法【进行审判】,无论其是产生自各种形式的法律(库里亚法、平民会决议、元老院决议、君主谕令)还是习惯,或者是法学家的著作。"司法管辖权"被用来一般性地指从事审判的执法官的职权,以及一系列相关的含义。[2]

关于这一卷,我还建议阅读波蒂埃(J. Pothier)的作品《对优士丁尼学说汇纂的评注》(Pandectae Justinianeae in Novum Ordinem Digestae),其中提到了上文概要说明的内容。[3]

本卷的第一章可以划分为几个论题:

---

〔1〕 参见 Gai. 4, 1 – 30,中文译本参见[古罗马]盖尤斯:《法学阶梯》,黄风译,中国政法大学出版社 1996 年版,第 288~302 页。

〔2〕 这里不展开论述在公元前1世纪末至公元1世纪初发生的罗马宪制变革的问题。在这场变革的基础上,被改革的罗马共和制包括皇帝的新的执法官。他的权力仍然是来源于人民(《权力谕法》:D. 1, 4, 19)。在这一权力范围内,皇帝也直接或者在上诉期间行使司法管辖权,伴随时间的经过,在他之外设立了一套等级制机构,其中的官员由他直接或者间接任命,并与他共同参与行使司法管辖权。参见 D. 1, 10 – 22,以及[意]朱塞佩·格罗索:《罗马法史》,黄风译,中国政法大学出版社 2009 年版,第 84 节以下,特别是第 90 节,第 207~209 节,第 238~239 节。[意]弗朗切斯科·德·马尔蒂诺:《罗马政制史》(第 1、2 卷),薛军译,北京大学出版社 2009 年版。

〔3〕 详细内容参见我对 D. 16 n. 6, D. 4 n. 6 – 8 所写的序言。要补充说明的是,相较于其他卷,本卷尤其是第十四章更经常提到 D. 50, 16 中"关于语句的意义",以及 D. 50, 17 中"关于法的各种规则"的文本。这些文本中的一部分被译为中文收入《民法大全翻译系列》。

什么是司法管辖权,以及什么是单一的治权(imperio mero)和混合治权(imperio misto):D. 2, 1, 3;D. 2, 1, 2;D. 2, 1, 1;D. 1, 1, 4;D. 2, 1, 19, 1;D. 2, 1, 11pr.;D. 2, 1, 11, 2;D. 2, 1, 20;D. 50, 16, 239, 8;D. 2, 1, 10。

通过委托移交司法管辖权:谁可以委托司法管辖权:D. 2, 1, 5;D. 1, 21, 5pr.。什么时候可以委托司法管辖权:D. 1, 16, 4, 6;D. 1, 16, 5。委托司法管辖权有哪些方式:D. 2, 1, 16;D. 2, 1, 17。可以委托司法管辖权中的哪些权利:D. 1, 21, 1pr.;D. 1, 21, 4, 1;D. 1, 21, 4pr.;D. 1, 21, 1, 1;D. 1, 16, 11;D. 1, 16, 6pr.;D. 1, 21, 5, 1;D. 1, 16, 2, 1;D. 1, 16, 3;D. 1, 21, 2pr.;D. 1, 21, 2, 1。被委托司法管辖权人的权利:D. 1, 21, 1, 1(prima frase);D. 2, 1, 16(ultima frase);D. 1, 21, 3。他的权利何时终止:D. 2, 1, 6。

司法管辖权的延迟行使:如何延迟行使司法管辖权:D. 2, 1, 11, 1;D. 5, 1, 22;D. 5, 1, 1;D. 5, 1, 2pr.;D. 2, 1, 15;D. 2, 1, 18;D. 5, 1, 30;D. 5, 1, 33;D. 5, 1, 2, 1。对谁以及基于什么事由可以延迟行使司法管辖权:D. 5, 1, 81;D. 2, 1, 14。

最后,这一章的一些文本还谈到了裁判官在其告示中界定的某种不法行为(一种所谓的准罪行)。基于此,因为该行为遭受损害,或者伪造向公众展示的告示文本或者其他裁判官文件的行为会被起诉。关于这个问题的论述放在这里是因为情境相关,因为是围绕着司法管辖权的行使发生的。与这一不法行为相关的片段是:D.2,1,7pr.;D.2,1,7,4;D.2,1,7,5;D.2,1,8;D.2,1,7,2;D.2,1,7,1;D.2,1,9pr.;D.2,1,7,3。与"诉讼上的"不法行为相类似的是那些我们在片段 D.2,3 中看到的,不服从行使司法管辖权的人的行为;D.2,8,2,5 中起诉承诺某人出庭的保证人的行为;D.2,7 中用暴力将被传唤出庭的人掳走而阻止其出庭的行为;D.2,10 中恶意阻止某人出席审判的行为;D.2,13,1 中原告未宣告其提起的是何种诉,或者未出示账目;D.3,5,1 和 D.50,16,233 中也提到了关于为了钱而提起没有根据的诉;D.5,1,15;1,D.50,13,6;D.44,7,5,4,Gai.4,52 以及其他一些文本中涉及的,法官因为友情、敌对或者贪污而不公正裁判,或者违反其他裁判规则进行宣判。

3. 第二章"立法者受自立之法的约束"非常重要。新近的理论没有对其进行更深入的研究,但它值得更多的关注:事实上,它是公平的具体体现,而公平正是罗马法所固有并孜孜以求的,[1]力求对各种层次的如人民的

---

〔1〕 参见杰尔苏在 D.1,1,1pr. 中的定义:"法是善良和公正的艺术",还可以参见西塞罗在《论演说家》(*Oratore* 1,42,188)中的定义:"因此在市民法中需要确定这样的目标:在市民诉讼与事物中应当基于法律和习俗保持公平";他在《论义务》(*Off.* 2,12,42)中写道:"人们要求法始终是公平的,否则就不是法";以及他在《论题术》(*Top.* 2,9)中写道:"市民法总是公平地对待同一个城邦的人们,通过司法裁判获得他们的物;对公平的认识是有用的,因而对于市民法的认识是有用的"。

部分[1]、整体民族[2]，或者司法管辖权相关的每一小步，每一个个体公平。

这里的告示规定了这样的义务，即执法官或者接受执法官在裁判个案时运用自由裁量权确立的新规定的当事人，或者其请求被确立并得以实施的当事人，在同样的条件下，对他也可以引入或者请求相同的法。这一规定似乎可以归功于奥古斯都皇帝的父亲。一个被实质性规定的操作标准是，在争议解决过程中设身处地地站在对方的立场进行考虑。有学者提出这是一种对执法官的"反击"，但是这与"反击"无关，而是同等地对待自己和他人。前文引用的杰尔苏对法的定义是对"善良"的追求，并以"公平的方式"适用于处于同一情形下的所有人。"善良"通过对整个体系的批判反思是可以识别出来，并且也应当与具体情形的多样性相符合。关于最终的这一符合，参考自己最后补充分析中的标准：我认为，"善良"是即使我处于该他人的境地，其对我也将是良善的。从这一章中还延伸出对"做与其先前行为相反行为"的禁止。

告示：D.2, 2, 1, 1; D.2, 2, 4; D.2, 2, 1pr.。该告示既涉及执法官也涉及诉讼当事人：D.2, 2, 1, 2; D.2, 2, 2; D.2, 2, 3pr.; D.2, 2, 3, 1。关于该告示的惩罚以及适用何种诉：D.2, 2, 3, 7; D.2, 2, 3, 6; D.2, 2, 3, 2; D.2, 2, 3, 4。如果该告示的惩罚扩展适

---

[1] 例如自《十二表法》开始的贵族与平民。
[2] 例如优士丁尼法典中地中海的东方和西方。

用于其他人：D. 2, 2, 3, 5；D. 2, 2, 3, 3。

4. 第三章涉及的是某人不服从行使司法权的人，因而犯了准罪行的情形。这最初是来源于裁判官法，和损坏告示的行为一样，放在这里是因为情境关联。本章只有一个单独的简短片段。

5. 第四章论述传唤出庭，自 D. 2, 4, 1 开始进入对诉讼的论述，在此基础上人们被确立为审判的当事人。[1]

在"法律诉讼"的古老时代，如果被告拒绝跟随原告一同到执法官面前，原告让证人证明其拒绝之后就可以强制将其拖到执法官面前，除非有保证人介入并承担被告改日出庭的责任。通常所有人都可以被传唤并被带到审判庭上。《十二表法》第一表 1-3（还可以参见 Cic., *de Legibus* 2, 23）中就已经作了这样的规定。但是，基于其与原告之间存在的某种关系，某些人不能被传唤：D. 2, 4, 2；D. 1, 18, 16；D. 50, 17, 46；D. 2, 4, 22pr.；D. 2, 4, 3；D. 2, 4, 4pr.；D. 2, 4, 18；D. 2, 4, 19；D. 2, 4, 21；D. 50, 17, 103；D. 2, 4, 20；D. 2, 4, 18；D. 2, 4, 19；D. 2, 4, 21；D. 20, 16, 103；D. 2, 4, 20。裁判官告示规定未经许可不得传唤某些人，告示规定的包括哪些人：D. 2, 4, 4, 1；D. 2, 4, 8pr.；D. 2, 4, 7；D. 2, 4, 4, 2；D. 2, 4, 4, 3；D. 2, 4, 5；D. 2, 4, 6；D. 2, 4, 8, 1；D. 2, 4, 9；D. 2, 4, 10pr.；D. 2, 4, 10, 1；D. 2, 4,

---

[1] 概要论述参见 A. Burdese, *Manuale di diritto privato romano*, 4 ed., Torino, 1993, 80 e 106 s.

10, 4; D. 2, 4, 23; D. 2, 4, 10, 5; D. 2, 4, 10, 9; D. 2, 4, 10, 7; D. 2, 4, 10, 8; D. 2, 4, 10, 10; D. 2, 4, 13; D. 2, 4, 10, 3; D. 2, 4, 10, 2; D. 2, 4, 10, 6; D. 2, 4, 10, 11; D. 10, 4, 8, 2。违反告示规定传唤告示规定的这些人: D. 2, 4, 10, 13; D. 2, 4, 16; D. 2, 4, 15; D. 2, 4, 14。裁判官在授权许可传唤这些人时应当遵守: D. 2, 4, 10, 12。对违反该告示规定者的惩罚: D. 2, 4, 24; D. 2, 4, 11; D. 2, 4, 12; D. 2, 4, 25。传唤最初的形式在几个世纪的发展中也发生了一些改变,这部分反映在我们现在所读的文本中,然而更加重要的改变是伴随所谓的书面传唤程序的发展而来。传唤是通过一个书面文件(*libellus*)进行,在该书面文件上原告写明起诉的理由,并载有主管的公共事务官员的授权许可。起初该文件是由原告通知给被告,命令其出现在法官面前,后来逐渐地就交由公共机构的传达人进行通知,之后随着行为的更进一步公开化,直接交由给予授权许可的公共事务官员进行通知。[1]

第五章可以被看作是前一章的延续,论述的是被传唤的人出席审判,以及传唤了依照告示规定不应当被传唤的人的情形。其中,涉及前者内容的是: D. 2, 5, 2pr.; D. 5, 1, 5; D. 2, 5, 2, 1; D. 46, 5, 1, 9。可能涉及后

---

[1] 参见优士丁尼在法典之后所立之法《新律》(*Novellae Constitutione*, 53 del 537; 96 del 539 e 112 del 541);概要论述参见 G. Grosso, *Storia* cit., par. 238; G. Pugliese, *Istituzioni di diritto romano*, 3 ed., Torino, 1991, 775 ss.

者内容的是：D. 50，16，48。

6. 第六章"被传唤出庭的人提供【出庭】保证人或者作出【出庭】担保的要式口约"，对建立在前文引述的《十二表法》的规定基础上的规则作了简短论述。出庭保证在第八章中有进一步的发展，详见后文。此外，关于担保【出庭】的要式口约被置入裁判官要式口约的范畴中，在 D. 46，5 中作了一般性论述。

7. 第七章"避免某人以暴力使被传唤出庭者摆脱【出庭】"论述的是一个将被处以罚金的准犯罪行为，罚金数额将由主案件的原告进行估价。关于这一类型我们要辨别：哪些案件可以适用该告示规定：D. 2，7，1pr.；D. 2，7，1，2；D. 2，7，2；D. 2，7，3pr.；D. 2，7，3，1；D. 2，7，4，1；D. 2，7，3，2；D. 2，7，5，2。通过该告示给予了哪些诉，以及其中包含了什么：D. 2，7，5，1；D. 2，7，6。谁在什么时间，可以向谁提起该诉：D. 2，7，5，4；D. 3，7，5pr.；D. 2，7，4，2；D. 2，7，5，3；D. 2，7，1，1。

8. 被告担保出庭的问题在第八章和第九章中也进行了论述。如同在第六章中所呈现的，被带到法庭的人在提供了出庭担保后应该获得自由。

关于何时以及如何设立前述的担保的问题：D. 2，4，17；D. 2，6，1；D. 2，6，2；D. 2，6，3；D. 2，8，2，2；D. 2，8，2，3；D. 50，16，61；D. 8，2，2，4。在哪些人之间有效地设立担保：D. 2，11，13；D. 2，11，9。在哪一天提供出庭担保：D. 2，8，8pr.；D. 2，11，1；D. 50，

16, 3; D. 50, 16, 154。

　　前文已经提到此担保被定位为裁判官要式口约（D. 46, 5），因而本章的许多片段都与裁判官要式口约的问题紧密相关，例如：D. 2, 8, 2pr.；D. 2, 8, 6；D. 2, 8, 8, 1；D. 2, 8, 8, 2；D. 2, 8, 8, 3；D. 2, 8, 8, 4；D. 2, 8, 8, 5；D. 2, 8, 8, 6；D. 2, 8, 9；D. 2, 8, 10pr.；D. 2, 8, 10, 1。其他片段论述的是关于担保履行判决的要式口约，例如：D. 2, 8, 7, 2；D. 2, 8, 11；D. 2, 8, 14，关于这一问题之后的 D. 46, 7 有专门论述。

　　9. 在论述原告要求的出庭担保时，有必要特别说明某种情形，即某人提起一个损害之诉，针对处于权力支配下的家子或者奴隶的罪行或者准罪行，因此以确保享有支配权力的人以及处于权力支配下的家子或奴隶出庭。对于这后两者要求他们处于和被传唤时同样的法律地位和事实状况。第九章专门论述了这一特殊性问题：D. 2, 9, 1pr.；D. 2, 9, 1, 1；D. 2, 9, 2pr.；D. 2, 9, 5pr.；D. 2, 9, 6；D. 50, 17, 83；D. 2, 6, 4；D. 2, 11, 9, 1；D. 2, 11, 10, 1。此外，隐含与损害之诉（D. 9, 4）的论述的关联，以及和其有关的一般性问题进行论述的片段，例如：D. 2, 9, 2, 1；D. 2, 9, 3。

　　10. 前面在第七章中看到的告示涉及的情形是某人被以暴力方式阻止出庭；现在第十章涉及的是另一个裁判官告示，根据该告示规定，对恶意阻止某人出庭的人的准罪行进行惩罚被裁判官认为是非常公平的：D. 2, 10, 1pr.；

D. 2, 10, 1, 1; D. 2, 10, 1, 2; D. 2, 10, 3pr.; D. 2, 10, 3, 4; D. 2, 10, 1, 4; D. 2, 10, 1, 5; D. 2, 10, 1, 6; D. 2, 10, 3, 1; D. 2, 10, 1, 3; D. 1, 10, 2; D. 2, 10, 3, 2; D. 2, 10, 3, 3。

11. 第十一章考察的是担保出庭的人没有履行其所作出的保证的情形。不过，确实应当多方面考虑这个问题。例如，为了对抗原告起诉请求基于担保他所应获得的可以提出一些不同的抗辩。的确应当考虑到使未出庭具有正当性的个别特殊情况。而且在个别情形中，如果在作出担保之后紧接着出现主诉讼的原告欠缺合法性等，这也可以被纳入考虑范畴。

我们可以读一下关于何时作出出庭担保的问题的这一组片段：D. 2, 11, 11; D. 2, 11, 12pr.; D. 11, 2pr.; D. 50, 17, 155; D. 2, 11, 5pr.; D. 2, 11, 2, 1; D. 2, 11, 2, 2; D. 2, 11, 2, 9; D. 2, 11, 3; D. 2, 11, 4pr.; D. 2, 11, 4, 1; D. 2, 11, 4, 3; D. 2, 11, 4, 2; D. 2, 11, 2, 3; D. 50, 17, 113; D. 2, 11, 2, 4; D. 2, 11, 2, 5; D. 2, 11, 2, 6; D. 2, 11, 2, 7; D. 2, 11, 2, 8; D. 2, 11, 8; D. 2, 11, 5, 1; D. 2, 11, 5, 2; D. 2, 11, 6; D. 2, 11, 7; D. 50, 17, 211; D. 2, 8, 16; D. 2, 11, 4, 4。对不履行出庭担保要式口约的人的判罚：D. 2, 8, 2, 5; D. 2, 8, 3; D. 50, 17, 5; D. 2, 5, 3; D. 2, 8, 2, 1; D. 2, 11, 10pr.; D. 2, 11, 15; D. 2, 11, 14; D. 45, 1, 81, 1; D. 2, 11, 12, 1。从该要式口约产生的诉能否

移转给继承人或者能否向继承人提起：D. 2, 11, 10, 2。此要式口约何时消灭：D. 2, 8, 4; D. 2, 11, 5。

12. 关于传唤、出庭担保等，重要的是对于关于什么时间可以进行，什么时间不能进行，关于延期以及审判活动中止作了一系列的说明。第十二章专门论述了这个问题。

"假日"是法庭审判活动的假期。它可以是盛大的（节日），也可以是偶然的。前者是在确定的时间，如元旦前夕，即12月的最后一天，这一天执法官都不用去法院：D. 2, 12, 5。其他的假日：D. 50, 16, 233; D. 2, 12, 4。偶然的假日则是那些因为非常规事件而规定的日子。任何人都没有义务在假日出庭：D. 2, 12, 1pr.。但是如果裁判官因为不知道或者没有意识到，已经传唤了当事人，并且当事人也出席了审判，该判决是有效的：D. 2, 12, 1, 1; D. 2, 12, 6。有时候应当考虑客观情形，例如紧急情形：D. 2, 12, 1, 2; D. 2, 12, 3pr.; D. 2, 12, 1, 2（第二部分）; D. 2, 12, 2; D. 2, 12, 3, 1; D. 2, 12, 3, 2; D. 2, 12, 9。关于延期应当说明谁有权许可延期：D. 50, 16, 99。在同一纠纷案件中是否可以许可多次延期：D. 2, 12, 10。还有其他一些问题，例如在哪些案件中可以许可延期，延期可以延迟多长时间等。这些问题更多的是在《法典》（C. 3, 12）而不是《学说汇纂》中规定的。

最后对从某天开始的时间如何计算进行了说明：D. 2, 12, 8。

13. 告示规定，打算提起诉讼的人应当预先向将来的被告宣告其想要提起的诉。第十三章部分论述了这个问题。告知可以通过各种方式完成，例如在便签上写下诉的名称以及相关的程式，并把它交给对方。经常使用的方式是拉贝奥所建议的，并被乌尔比安提到的，带着对方到裁判官张贴公告的布告栏前，并告诉他自己将使用的程式：D. 2, 13, 1pr.; D. 50, 16, 8, 1; D. 2, 13, 1, 1。

不能不强调这一规定对于满足在争议解决中的公正、透明以及时间节省需求的重要性。原告应当从一开始就准确、完整地说明他想要的，以及他主张的理由。理性也引导执法官规定，原告应当详尽地说明作为他诉求基础的文件，这样被告可以决定是承认，还是主张其没有根据而否认原告的诉求。显而易见的是，这些规则让原告和被告在作出诉诸法官的决定时更加谨慎，并且在对适用该案件的法律规定的识别上，以及对所提出证据的价值进行衡量时更加迅速。同样显而易见的是，这些规则以双方当事人都已经做了很好的准备，而且在法技术方面有很适当的协助不会出错为前提。这些规则体现了当事人主义的处分原则，以及它在不同的社会文化背景下所具有的优势与局限。

在这一章中，说明了哪些文件以及应当由谁提供这些文件：D. 2, 13, 1, 3; D. 2, 13, 2; D. 2, 13, 1, 4。应当以什么方式宣告：D. 2, 13, 1, 2; D. 2, 13, 11。对没有提供文件的人的惩罚：D. 2, 13, 1, 5。[1]

---

〔1〕 对于这一问题，关于被改变的诉讼活动的论述还可以参见 C. 2, 1 中的皇帝谕令。

钱庄老板的活动普遍地与私人的交易活动相并立，因此他们的账本就是账簿文件的渊源。[1]对此裁判官规定了一个告示：D.2，14，4pr.；D.2，13，4，1。因而有许多片段与这些文件相关。具体说明该告示规定的包括哪些人：D.2，13，12；D.2，13，4，2；D.2，13，4，3；D.2，13，4，4；D.2，13，6，1；D.2，13，9，1；D.2，13，9，2；D.2，13，10，1；D.2，13，9pr.。应当向谁出示账目，出示几次，以及提出出示账目请求所请求的是什么：D.2，13，9，3；D.2，13，9，4；D.2，13，6，5（最后一部分）；D.2，13，6，8；D.2，13，6，9；D.2，13，6，2。应当提供的是什么：D.2，13，6，3。钱庄老板在何时何地应当出示账目：D.2，13，10pr.；D.2，13，4，5；D.2，13，5；D.2，13，6pr.。钱庄老板应当如何出示账目：D.2，13，6，7；D.2，13，10，2；D.2，13，6，6。根据该告示规定与之相应的诉：D.2，13，8pr.；D.2，13，6，4；D.2，13，6，5。

14. 第十四章关于简约的内容是重要性日益凸显的一章。

在永久告示中，这一章是紧随在我们上述读到的关于宣告诉讼这一章之后，但是在现在的第四章关于传唤出庭的内容之前。可以肯定的是，这一章在永久告示中是"关

---

〔1〕 关于钱庄老板的活动，参见 A. Petrucci, Mensam exercere, *Studi sull' impresa finanziaria romana*, Napoli, 1991；P. Cerami – A. Di Porto – A. Petrucci, *Diritto commerciale romano*, *Profilo storico*, 2 ed., Torino, 2004.

于简约、协议与和解协议"（*de pactis et conventionibus vel transactionibus*），即包含现在之后的一章 D. 2, 15 所论述的内容。这些内容被统一在一章中解释了为什么在告示中将其放在宣告诉讼之后，传唤出庭之前。此外还有学者指出了，永久告示通过使用"缔结的简约"（*pacta conventa*）的表达，将"简约"（*pacta*）与"协议、商议"（*convenire, concordare*）表达的意思紧密联系起来。"协议"（*convenzione*）这一概念在罗马法系的历史中，伴随合同合意主义的发展已经超越了其在法系形成的时代及其之后的时代中"简约"最初的最为狭窄的效力范围。[1]

什么是简约或者协议，协议有哪些类型：简约和协议的定义：D. 2, 14, 1, 1；D. 2, 14, 1, 2；D. 2, 14, 1, 3。对协议最一般的划分是什么：D. 2, 14, 5；D. 2, 14, 6。将协议划分为简约和合同：D. 2, 14, 1, 4。简约划分为对物的简约与对人的简约：D. 2, 14, 7, 8；D. 2, 14, 17, 3；D. 2, 14, 25, 1；D. 2, 14, 7, 8（最后一部分）；D. 2, 14, 40, 3；D. 2, 14, 40pr.；D. 2, 14, 57, 1。合同的分类：J. 3, 13, 2（第二部分）；

---

[1] 和其他章一样，请参见波蒂埃对文本的重新排列。但是要说明的是，本章相对于其他章尤甚的是，他的著作和隐含的教义学建构的视角都只是现代的一种重构。这种重构强烈影响了 1804 年的法国民法典，并在一个作为合意主义意识形态旗帜的条文中将合同视为一种单纯的"协议"（第 1101 条），但这与该法典本身是相矛盾的（第 1108 条，其中除了合意还要求有"原因"；第 1134 条第 3 款要求诚实信用；第 1135 条要求公平、尊重惯以及债的性质）。此外，波蒂埃援引了原始文献，他的著作尽管只是给出导引，但没有隐藏原始文献的文本以及视角的多样性，对此每一个批判性解读都始终应当谨慎。

D. 22，1，32，2。

合意在协议中处于核心地位，与之相应，合意不能够存在瑕疵，因此就有必要考察合意的瑕疵。关于协议的错误：D. 50，17，116，2；D. 44，7，57。关于合同中的欺诈、暴力以及胁迫：D. 50，17，116pr.；D. 4，2，21，3；D. 45，1，36。关于简约中的欺诈、暴力以及胁迫：D. 4，2，21，4。如果在协议中除合意之外还要求其他，尤其是某种特定的形式：D. 2，14，4，1；D. 2，14，2pr.（最后一句）；D. 2，14，2，1；D. 2，14，3；D. 2，14，57pr.。不过，关于这一问题不能忽视阿里斯多，以及在他之前的拉贝奥的反思，补充在这里：D. 50，16，19[1]和D. 2，14，7，2[2]，其阐明了对待给付存在的重要性。这一要件与合意并列，并与诚实信用一起，虽然经过了改变，但是后来被罗马法律科学接受，这里只需要提及 Gai. 3，136 –

---

[1] D. 50，16，19 乌尔比安：《论告示》第十一编：拉贝奥在《论内事裁判官》第一编中如此定义道：我们说 "做某事"（agere）、"管理某事"（gerere）、"订立契约"（contrahere）。"做" 是一个一般用语，可以通过话语、<通过书面文件>、通过某物来实现，就像我们通常在要式口约、<债权誊账>，或支付现金的契约中使用的那样。"订立契约" 是指相互间建立债的关系，即希腊人称之为 "双务" 的那类契约，如买卖、赁借贷、合伙。"管理" 则是指不需要明示的意思表示而去做某件事情。中文译本参见［意］桑德罗·斯奇巴尼选编：《契约之债与准契约之债》，丁玫译，中国政法大学出版社1998版，第8页。

[2] 波蒂埃在稍前面一点引用该片段，但是没有强调其中暗含的平等要件的一般化意义，也没有将其与乌尔比安－拉贝奥的片段相提并论，相对于后者该片段有一些实质性的差别，但是和后者的共同之处是关注在交易活动中对于对等——平衡的追求。

137 e J. 3, 22, 1. 3[1]/[2]。

关于哪些人可以通过简约进行允诺,以及什么事项可以写入协议:D. 44, 7, 11;D. 50, 17, 73, 4;D. 2, 14, 17, 4;D. 2, 14, 33;D. 2, 14, 36;D. 2, 14, 61;D. 11, 7, 11;D. 50, 17, 185;D. 2, 14, 50;D. 50, 16, 68。

各种协议的不同效力。所谓合法的协议的效力以及裁判官简约的效力:D. 2, 14, 17, 2;D. 2, 14, 17, 1。万民法上协议的效力,尤其是合同的效力:D. 2, 14, 7pr.;D. 2, 14, 7, 1;D. 2, 14, 7, 2;D. 2, 14, 48。被称为裸体简约的效力:D. 2, 14, 7, 4;D. 2, 14, 45;D. 2, 14, 7, 7;D. 2, 14, 1pr.;D. 2, 14, 27, 1。诚信合同附加简约的效力:D. 2, 14, 7, 5;D. 2, 14, 7, 6;D. 2, 14, 35;D. 18, 1, 72;D. 19, 5, 12;D. 18, 5, 6;D. 18, 1, 6, 1;D. 19, 1, 11, 6;D. 19, 1, 11, 3;D. 18, 3, 4pr.。严法合同附件简约的效力:D. 12, 1, 40;D. 2, 14, 4, 3;D. 2, 14, 17pr.;D. 12, 1, 11, 1。什么事项不能写入协议:D. 2, 14, 34;D. 2, 14, 27, 4(最后一句)。为某一事物订立的协议的效力不能损害其他事物:D. 2, 14,

---

[1] 中文译本参见 [古罗马] 盖尤斯:《法学阶梯》,黄风译,中国政法大学出版社 1996 年版,第 246 页;[古罗马] 优士丁尼:《法学阶梯》,徐国栋译,中国政法大学出版社 2000 年版,第 379 页。

[2] 在最近几十年的大量著作中,我要提到的是 F. Gallo, *Synallagma e conventio nel contratto. Ricerca degli archetipi della categoria contrattuale e spunti per la revisione di impostazioni moderne. Corso di Diritto romano*, I, Torino, 1992; II, Torino, 1995, 以及同一作者在他的文章中的综合分析:*Contratto e atto secondo Labeone: una dottrina da riconsiderare*, in *Roma e America*, 7/1999, 17 ss.

56；D. 2，14，47，1；D. 2，14，27，7；D. 2，14，27，6；D. 2，14，27，8；D. 2，14，27，5。为某个特定人订立的协议也不能损害第三人：D. 2，14，40，2；D. 2，14，42；D. 2，14，52，2；D. 2，14，17，6；D. 2，14，27pr. ；D. 2，14，29；D. 2，14，11；D. 2，14，12；D. 2，14，13pr. ；D. 2，14，13，1；D. 2，14，14；D. 2，14，37；D. 2，14，28，1；D. 2，14，16，1；D. 2，14，16pr. ；D. 2，14，52，1。第三人能否利用该简约：D. 27，3，15；D. 2，14，19，1；D. 2，14，20；D. 2，14，21pr. ；D. 2，14，21，1；D. 2，14，21，2；D. 2，14，21，5；D. 2，14，25pr. ；D. 2，14，22；D. 2，14，32；D. 2，14，17，5；D. 2，14，15；D. 2，14，10，2；D. 2，14，23；D. 2，14，25，2；D. 2，14，26；D. 2，14，24。一般无效的协议：D. 44，7，27。欺诈订立的协议：D. 2，14，7，9；D. 2，14，35；D. 2，14，7，11；D. 2，14，7，10。违反法律法规的简约：D. 2，14，28pr. ；D. 2，14，38；D. 50，17，45，1；D. 2，14，27，4（第二部分）；D. 2，14，7，16；D. 50，17，156，4；D. 2，14，31；D. 2，14，43；D. 2，14，46；D. 2，14，7，15（最后部分）；D. 2，14，7，13；D. 2，14，7，14；D. 50，17，27。违反善良风俗的简约：D. 13，6，17pr. ；D. 2，14，27，4；D. 2，14，7，14（最后一句）；D. 2，14，27，3；D. 2，14，7，15（第一部分）；D. 2，14，7，3；D. 45，1，121，1；D. 2，14，49。因为错误订立的简约：D. 2，14，51pr. ；D. 2，14，51，1。

关于协议的解释：D.34，5，21（22）pr.；D.45，1，80；D.50，16，219；D.50，17，67；D.18，1，7pr.；D.50，17，114；D.50，17，34；D.34，5，26（27）；D.45，1，38，18；D.50，17，172pr.；D.50，17，172，1；D.18，1，21；D.2，14，39；D.8，3，30；D.18，1，33；D.8，2，17，3；D.8，2，17，4；D.18，1，39，1；D.45，1，110，1；D.45，1，99pr.；D.50，16，126；D.50，17，81；D.50，16，124；D.50，16，28，1；D.50，16，29；D.50，16，158；D.50，16，170；D.44，7，53，1；D.50，16，32。[1]

没有涉及的是 D.46，3 关于合同以及由合同所产生的债，以及通过一个事后订立的内容相反的简约导致协议消灭：D.2，14，27，2；D.2，14，62。

简约最常见的类型：不提出请求之简约：何时认为产生了该简约：D.2，14，41；D.46，4，8pr.；D.2，14，27，9；D.46，4，19pr.；D.2，14，30，1；D.2，14，30，2；D.44，7，29。谁可以订立不提出请求之简约：D.2，14，28，2；D.2，14，21，3；D.2，14，21，4。与可疑的遗产债权人约定对部分债权不提出请求的简约：D.2，14，

---

[1] 对于来自《学说汇纂》许多部分的关于协议解释的文本的汇集，由波蒂埃在长久以来的传统脉络上构建。这些传统脉络最终导向了大量民法典中关于解释的规则。这一汇集还一般性地揭示了波蒂埃工作的视角，上述我已经强调的关于"合意主义"的扩展很重要：的确，他聚焦于对"协议"订立的意思这一作为当事人订立合同的基础概念的研究。人们注意到，因此他没有援引对死因行为（遗嘱、遗赠、委托遗赠）解释的文本。他没有构建一个像潘德克顿学派在后一个世纪构建的"法律行为"这样更为一般性的概念。

7, 17; D. 2, 14, 7, 18; D. 2, 14, 44; D. 26, 7, 59; D. 2, 14, 7, 19; D. 2, 14, 8; D. 2, 14, 9, 1; D. 2, 14, 9, 2; D. 2, 14, 9pr. ; D. 2, 14, 19pr. ; D. 17, 1, 58, 1。

15. 如同前文强调的，第十五章论述的和解协议与前一章的内容具有概念上的关联性，并且从其发生的一般情形来看，它也和想要避免发生诉讼上纠纷的可能相关，或者是以没有形成确定的判决而告终。和解协议并不自动具有重要性。在古典法中，它需要和任何人获得达成协议的效力的行为并列。也就是说，如果协议约定的是转移所有权，就需要履行转移所有权的交付行为或者转移要式物的仪式行为。如果协议约定的是债的效力，则应当采用要式口约。对于消灭的效力，和解协议就直接相当于不提出请求之简约。马可·奥勒留（Marco Aurelio）与卢奇·威罗（Lucio Vero）在161~169年间的批复禁止未经执法官审理而就抚养费进行协商或和解，并确认了和解协议是一个典型的法律行为。它在本章中构成了重要的一部分，并在制度史上留下了身影，和解最初实质上是作为其他法律行为的原因。之后和解协议获得了更大的效力，与裁判结果具有同等性（293年颁布的C. 2, 4, 20）。这样，如果规定了某个债消灭，它就直接产生消灭的效力；如果规定产生某些债，即使没有订立一个要式口约，也可以给予一个与其最初的话语所描述的法律关系相关的诉（actiopraescriptisverbis）。和解协议因此直接产生双方当事人所希望的效力。至优士丁尼的时代增加了和解合同的说法。如前所述,在永久告示中没有关于和解的一章。相反,大量存在的是关于和解的法令文本,尤其是收集在 C. 2,4 中。

什么是和解协议以及它的实质体现是什么:D. 2,15,1;D. 2,15,7pr.;D. 2,15,11;D. 2,15,7,1;D. 2,15,7,2。订立和解协议的各种方式及其不同效力:D. 2,15,2;D. 2,15,2。关于哪些内容的和解协议是有效的:D. 2,15,9,1;D. 2,15,5;D. 2,15,9,3;D. 2,15,12;D. 2,15,3,12。哪些人可以利用和解协议:D. 2,15,3,2。和解协议对谁造成损害:D. 2,15,3pr.;D. 2,15,10;D. 2,15,9pr.;D. 2,15,17。基于什么事由可以撤销和解协议:D. 2,15,9,2。

马可·奥勒留皇帝关于抚养费和解协议的诏书:D. 2,15,8pr.。该诏书对哪些事项禁止订立和解协议:D. 2,15,8pr.;D. 2,15,8,23;D. 2,15,8,2;D. 2,15,8,1;D. 2,15,8,14;D. 2,15,8,3;D. 2,15,8,4;D. 2,15,8,16;D. 2,15,8,12;D. 2,15,8,13;D. 2,15,8,20。在哪些人之间禁止就抚养费进行和解:D. 2,15,8,7;D. 2,15,8,15(第二部分);D. 2,15,8,5。诏书规定包括哪些类型的和解协议:D. 2,15,8,15(第一、三部分);D. 2,15,8,24;D. 2,15,8,6。何种和解协议是需要裁判官批准的,以及裁判官在这一事项上的职责有哪些:D. 2,15,8,17;D. 2,15,8,8;D. 2,15,8,9;D. 2,15,8,10;D. 2,15,4,11。基于无效的抚养费和解协议而给付的法律后果:D. 2,15,8,

22; D. 2, 15, 8, 21。

16. 最后，我很高兴看到本卷由武汉的中南财经政法大学的陈晓敏博士由拉丁文翻译成中文，并由 Stefano Porcelli 博士校对。这项工作开始于陈晓敏博士在罗马第二大学攻读博士学位期间，她在 2012 年以"关于罗马法系与中国法上的所有权"的论文获得了博士学位，之后完成于武汉她现在所任教的学校。本卷的翻译与出版是在"罗马法体系下的中国的法典化研究及法学人才培养中心"的项目框架下进行的，该中心由罗马第一大学、罗马第二大学、意大利国家科研委员会、中国政法大学共同组建。这一译本是将《学说汇纂》的全部内容由拉丁文翻译成中文项目的一部分。该项目自启动以来已经出版了超过 15 卷译本。本译本的出版得到了"罗马法体系下的中国的法典化研究及法学人才培养中心"的资助。

随着中国《民法总则》的通过，以及民法典分则部分立法的加快，今年对于中国法以及因此而更加丰富的整个罗马法系而言是非常重要的一年。《学说汇纂》中译项目使中国法学家及其人民得以了解那些古老法典的文本。在这一背景下，开展这个项目是信心的表现，相信对这些文本的科学反思与对话能够对现今的法与法典有所贡献。

桑德罗·斯奇巴尼
罗马第一大学罗马法名誉教授
2017 年 7 月 27 日

凡 例

一、本书采用拉丁文与中文对照形式编排，拉丁文在左，中文居右。书中的拉丁文原文来源于意大利罗马第一大学桑德罗·斯奇巴尼教授主编的"*IUSTINIANI AUGUSTI DIGESTA SEU PANDECTAE*（MILANO – DOTT. A. GIUFFRè EDITORE – 2007）"一书。

二、拉丁文原文下方脚注中的"Mo. – Kr."是指"*Corpus Iuris Civilis*, *Volumen Primum*, …*Digesta*, *ricognovit Theodorus Mommsen*, *Retractavit Paulus Krueger* [*editio stereotypa duodecima*, 1911], rist. Hildesheim, 2000"一书。

三、拉丁文原文下方脚注中的"Ed. Mil"是指"*Digesta Iustiniani Augusti*, *recognoverunt et ediderunt P. Bonfante*, *C. Fadda*, *C. Ferrini*, *S. Riccobono*, *V. Scialoia iuris antecessores*, *Mediolani*, 1931"一书。

四、为了中文读者阅读及引用方便，译者将拉丁文片段用"D""pr."和阿拉伯数字进行了重新标示，如"D. 12, 1, 1pr.""D. 12, 1, 1, 1"等。

五、优士丁尼《学说汇纂》的原始文献中并无标点。此书拉丁文中的标点皆为法史鸿儒蒙森所加。为了照顾中文的表达习惯，译文中的标点与拉丁文中的标点不尽对应。

六、部分片段结尾处用的是逗号、冒号或分号等不是表示句子完结的标点，甚至可能没有任何标点，乃是因为它们与下一片段关系密切，共同构成一个完整的论述。

七、拉丁文脚注中"< >"里的内容，是相对于其他版本，斯奇巴尼版本所增加的字母或单词。

八、拉丁文脚注中"[ ]"里的内容，是相应版本中被删除的字母或单词。

九、拉丁文脚注中"{ }"里的内容，是其他版本中被替换的字母或单词。

十、译文中"( )"里的内容，要么是对拉丁文原文固有内容的翻译，要么是为了便于读者理解，有必要放于其中的拉丁文专有名词，如"消费借贷（mutuum）"。

十一、译文中"【】"里的内容，是译者为了文义的明确或者文气的贯通而做的"添加"。

十二、文中人名、地名原则上按照拉丁文音译，除非已有通常译法，不宜另起炉灶，如"乌尔比安""保罗""罗马"等。法律术语之翻译，则多从斯学先达，未敢擅自发明。

译 者

2016 年 12 月 12 日

目 录
INDEX

I	DE IURISDICTIONE	(2)
II	QUOD QUISQUE IURIS IN ALTERUM STATUERIT, UT IPSE EODEM IURE UTATUR	(16)
III	SI QUIS IUS DICENTI NON OBTEMPERAVERIT	(24)
IV	DE IN IUS VOCANDO	(28)
V	SI QUIS IN IUS VOCATUS NON IERIT SIVE QUIS EUM VOCAVERIT, QUEM EX EDICTO NON DEBUERIT	(50)
VI	IN IUS VOCATI UT EANT AUT SATIS VEL CAUTUM DENT	(54)
VII	NE QUIS EUM QUI IN IUS VOCABITUR VI EXIMAT	(58)

目 录

第一章 关于【司法】管辖权 ………………… (3)

第二章 立法者受自立之法的约束 …………… (17)

第三章 某人不服从司法者的规定的情况 ……… (25)

第四章 关于传唤出庭 ………………………… (29)

第五章 如果某人被传唤而不去法院或者某人
传唤了依告示不应被传唤的人 …………… (51)

第六章 被传唤出庭的人提供【出庭】保证人
或者作出【出庭】担保的要式口约 ……… (55)

第七章 避免某人以暴力使被传唤出庭者摆脱
【出庭】 ……………………………………… (59)

VIII QUI SATISDARE COGANTUR VEL IURATO PROMITTANT VEL SUAE PROMISSIONI COMMITTANTUR .... (66)

IX SI EX NOXALI CAUSA AGATUR, QUEMADMODUM CAVEATUR .... (86)

X DE EO PER QUEM FACTUM ERIT QUOMINUS QUIS IN IUDICIO SISTAT ... (92)

XI SI QUIS CAUTIONIBUS IN IUDICIO SISTENDI CAUSA FACTIS NON OBTEMPERAVERIT .... (100)

XII DE FERIIS ET DILATIONIBUS ET DIVERSIS TEMPORIBUS .... (122)

XIII DE EDENDO .... (132)

XIV DE PACTIS .... (156)

XV DE TRANSACTIONIBUS .... (232)

目　录

第八章　被强制提供担保或者作出宣誓允诺的人，

　　　　以及被强制自己承诺的人 …………………（67）

第九章　如果提起损害之诉，如何作出关于

　　　　担保的要式口约 ………………………………（87）

第十章　由于其行为使某人不能出席审判的人 ……（93）

第十一章　如果订立要式口约保证出庭的人

　　　　　不遵守其保证 ………………………………（101）

第十二章　关于节假日、延期审理和【暂停

　　　　　审判活动的】各种期间 ……………………（123）

第十三章　关于诉讼宣告和账目的出示 ………………（133）

第十四章　关于简约 ……………………………………（157）

第十五章　关于和解 ……………………………………（233）

译后记 ……………………………………………………（262）

优士丁尼学说汇纂

第二卷

司法管辖

IUSTINIANI AUGUSTI DIGESTA
SEU PANDECTAE

LIBER II

DE IURISDICTIONE

I
DE IURISDICTIONE

D. 2, 1, 1 *Ulpianus libro primo regularum*

Ius dicentis officium latissimum est: nam et bonorum possessionem dare potest et in possessionem mittere, pupillis non habentibus tutores constituere, iudices litigantibus dare.

D. 2, 1, 2 *Iavolenus libro sexto ex Cassio*

Cui iurisdictio data est, ea quoque concessa esse videntur, sine quibus iurisdictio explicari non potuit.

D. 2, 1, 3 *Ulpianus libro singulari* [1] *de officio quaestoris*

Imperium aut merum aut mixtum est. merum est imperium habere gladii potestatem ad animadvertendum facinorosos homines, quod etiam potestas appellatur. mixtum est imperium, cui etiam iurisdictio inest, quod in danda bonorum possessione consistit. iurisdictio est etiam iudicis dandi licentia.

---

[1] O *secundo* ⑥, vd. Mo. – Kr., nt. 6.

第一章
关于【司法】管辖权

D.2,1,1 乌尔比安：《规则集》第 1 卷

司法者的职权非常广泛：的确，他既可以给予遗产占有，也可以许可占有，既可以为没有监护人的未成年人任命监护人，也可以为诉讼当事人指定审判员。

D.2,1,2 雅沃伦：《卡修斯评注》第 6 卷

对于被赋予了【司法】管辖权的人而言，应当认为他们也被赋予了那些如果欠缺就不能够行使【司法】管辖权的职权。

D.2,1,3 乌尔比安：《论财务官的义务》单卷本

治权可以是单一的也可以是混合的，所谓单一的治权是指拥有对罪犯处以死刑的权力，它也叫作权力（*potestas*）；所谓混合的治权还包含给予遗产占有的【司法】管辖权。【司法】管辖权还包括指定审判员的权利。

D. 2, 1, 4 *Idem libro primo ad edictum*

Iubere caveri praetoria stipulatione et in possessionem mittere imperii magis est quam iurisdictionis.

D. 2, 1, 5 *Iulianus libro primo digestorum*

More maiorum ita comparatum est, ut is demum iurisdictionem mandare possit, qui eam suo iure, non alieno beneficio habet:

D. 2, 1, 6 *Paulus libro secundo ad edictum*

et quia nec principaliter ei iurisdictio data est nec ipsa lex defert, sed confirmat mandatam iurisdictionem. ideoque si is, qui mandavit iurisdictionem, decesserit, antequam res ab eo, cui mandata est iurisdictio, geri coeperit, solvi mandatum Labeo ait, sicut in reliquis causis.

D. 2, 1, 7pr. *Ulpianus libro tertio ad edictum*

Si quis id, quod iurisdictionis perpetuae causa, non quod prout res incidit, in albo vel in charta vel in alia materia propositum erit, dolo malo corruperit: datur in eum quingentorum aureorum iudicium, quod populare est.

D. 2, 1, 7, 1

Servi quoque et filii familias verbis edicti continentur: sed et utrumque sexum praetor complexus est.

D.2, 1, 4 乌尔比安：《告示评注》第 1 卷

命令【某人】通过裁判官要式口约提供一个担保,并许可占有,这与其说是一个行使【司法】管辖权的行为,不如说是一个行使治权的行为。

D.2, 1, 5 尤里安：《学说汇纂》第 1 卷

根据我们祖先的习俗加以确定的规则是：只有那些凭据自己权利而不是他人让与而享有【司法】管辖权的人,才能够委托该【司法】管辖权。

D.2, 1, 6 保罗：《告示评注》第 2 卷

因为【在他人让与的情形】下,既没有【通过审判员职位】直接赋予他【司法】管辖权,法律本身也没有赋予他【司法】管辖权,而只是确认了一个委托的【司法】管辖权。因此,如果委托管辖权的人死亡,在此之前被授予管辖权的人还没开始行使该权力的,拉贝奥认为,和委托的其他情形一样,该委托终止。

D.2, 1, 7pr. 乌尔比安：《告示评注》第 3 卷

如果某人对张贴在告示板上、纸张或者其他物质上的,关于永久【司法】管辖权而不仅仅是影响个案的规定恶意进行了伪造,他将被提起一个判罚 500 金币的民众之诉。

D.2, 1, 7, 1

告示【规定】使用的文字中也包含奴隶和处于家父权支配下的家子；并且,裁判官也同样包括男、女两个性别。

D. 2, 1, 7, 2

Quod si dum proponitur vel ante propositionem quis corruperit, edicti quidem verba cessabunt, Pomponius autem ait sententiam edicti porrigendam esse ad haec.

D. 2, 1, 7, 3

In servos autem, si non defenduntur a dominis, et eos qui inopia laborant corpus torquendum est.

D. 2, 1, 7, 4

Doli mali autem ideo in verbis edicti fit mentio, quod, si per imperitiam vel rusticitatem vel ab ipso praetore iussus vel casu aliquis fecerit, non tenetur.

D. 2, 1, 7, 5

Hoc vero edicto tenetur et qui tollit, quamvis non corruperit: item et qui suis manibus facit et qui alii mandat. sed si alius sine dolo malo fecit, alius dolo malo mandavit, qui mandavit tenebitur: si uterque dolo malo fecerit, ambo tenebuntur: nam et si plures fecerint vel corruperint vel mandaverint, omnes tenebuntur:

D. 2, 1, 8 *Gaius libro primo ad edictum provinciale*

adeo quidem, ut non sufficiat unum eorum poenam luere.

D. 2, 1, 7, 2

此外,至于某人在告示被张贴时或者张贴之前已经进行了伪造的情形,告示【规定】的文字中没有包含这种行为。而彭波尼认为,告示的规定应当扩展适用于这种行为。

D. 2, 1, 7, 3

此外,主人不为之辩护的奴隶,以及那些处在穷苦状态的人们应当受到磨难。

D. 2, 1, 7, 4

告示【规定】的文字中接着提到了"故意"。因此,如果某人因为无经验、粗野,或者是遵照该裁判官的命令,或者偶然地实施了告示中规定的行为,【那么不构成故意】不承担责任。

D. 2, 1, 7, 5

的确,依照本告示的规定,尽管没有伪造告示,但是将其带走也应当承担责任。不论是他亲自【实施行为】,还是委托他人【实施行为】,同样都要承担责任。然而,如果某人没有故意实施行为,而另外一人是故意委托其【实施行为】,委托人承担责任;而如果两人都是故意实施该行为,两者都将被认为应当承担责任;事实上,即使有更多人实施行为、伪造或者委托他人【实施上述行为】,他们都将应当承担责任。

D. 2, 1, 8 盖尤斯:《行省告示评注》第1卷

而如果这样的话,仅他们其中某一个人受到惩罚是不够的。

D. 2, 1, 9 *Paulus libro tertio ad edictum*

Si familia alicuius album corruperit, non similiter hic edicitur ut in furto, ne in reliquos actio detur, si tantum dominus, cum defendere voluit, unius nomine praestiterit, quantum liber praestaret: fortasse quia hic et contempta maiestas praetoris vindicatur et plura facta intelleguntur: quemadmodum cum plures servi iniuriam fecerunt vel damnum dederunt, quia plura facta sunt, non ut in furto unum. Octavenus hic quoque domino succurrendum ait: sed hoc potest dici, si dolo malo curaverint, ut ab alio album corrumperetur, quia tunc unum consilium sit, non plura facta. idem Pomponius libro decimo notat.

D. 2, 1, 10 *Ulpianus libro tertio ad edictum*

Qui iurisdictioni praeest, neque sibi ius dicere debet neque uxori vel liberis suis neque libertis vel ceteris, quos secum habet.

D. 2, 1, 11pr. *Gaius libro primo ad edictum provinciale*

Si idem cum eodem pluribus actionibus agat, quarum singularum quantitas intra iurisdictionem iudicantis sit, coacervatio vero omnium excedat modum iurisdictionis eius: apud eum agi posse Sabino Cassio Proculo placuit: quae sententia rescripto imperatoris Antonini confirmata est.

D. 2，1，9 保罗：《告示评注》第 3 卷

如果某人的一群奴隶伪造了告示板，该告示中没有像对待盗窃的情形那样，【对盗窃】规定为其提供辩护的主人只要以其中一个奴隶的名义，支付如同一个自由人将支付的罚金，就不能再对剩下的奴隶提起诉讼。这或许是因为，这里他们因藐视裁判官的庄严崇高而受到惩罚，存在多个违法行为，就像当多个奴隶实施了侵辱行为或者造成财产损害，是实施了多个行为，而不是像在盗窃的情形中仅有一个行为。渥大维认为，在这种情形下也应当给主人提供帮助，但是，【只是】在这种情况下是这样，如果多个人故意使告示板被另外一个人伪造，那么这就存在一个唯一的教唆行为，而不是多个行为。彭波尼在第 10 卷中也提出了同样的意见。

D. 2，1，10 乌尔比安：《告示评注》第 3 卷

被指定行使【司法】管辖权的人既不应当对自己，也不应当对他的妻子或者子嗣、解放自由人或者所有其他利害关系人行使【司法】管辖权。

D. 2，1，11pr. 盖尤斯：《行省告示评注》第 1 卷

如果同一人对另一人提起多个诉讼，其中单个诉讼的数额属于审判员的【司法】管辖范围，但是所有这些诉讼的总体则超出了其【司法】管辖权限。萨宾、卡西、普罗库勒都认为他可以在该审判员面前进行诉讼。这个意见得到安东尼皇帝批复的肯定。

D. 2, 1, 11, 1

Sed et si mutuae sunt actiones et alter minorem quantitatem, alter maiorem petat, apud eundem iudicem agendum est ei qui quantitatem minorem petit, ne in potestate calumniosa adversarii mei sit, an apud eum litigare possim.

D. 2, 1, 11, 2

Si una actio communis sit plurium personarum, veluti familiae erciscundae, communi dividundo, finium regundorum, utrum singulae partes spectandae sunt circa iurisdictionem eius qui cognoscit, quod Ofilio et Proculo placet, quia unusquisque de parte sua litigat: an potius tota res, quia et tota res in iudicium venit et vel uni adiudicari potest, quod Cassio et Pegaso placet: et sane eorum sententia probabilis est.

D. 2, 1, 12 *Ulpianus libro octavo decimo ad edictum*

Magistratibus municipalibus supplicium a servo sumere non licet, modica autem castigatio eis non est deneganda.

D. 2, 1, 13pr. *Idem libro quinquagensimo primo ad Sabinum*

Eum qui iudicare iubet magistratum esse oportet.

D. 2, 1, 13, 1

Magistratus autem vel is qui in potestate aliqua sit, ut puta proconsul vel praetor vel alii qui provincias regunt, iudicare iubere eo die, quo privati futuri essent, non possunt.

D. 2, 1, 11, 1

然而，即使这些诉讼是相互的，一方当事人要求一笔较小的数额，另一方当事人要求较大的数额，也应当到主张较少数额一方所诉诸的同一审判员那里进行诉讼，从而使得我能够在那位审判员面前开展诉讼，而不是取决于我的对手的恶意决断。

D. 2, 1, 11, 2

如果一个单一的诉讼同时涉及多个人，如遗产分割之诉、共有财产分割之诉、地界调整之诉，要确定谁有【司法】管辖权，应当如奥菲里和普罗库勒认为的，考虑单个的份额，因为每一方只针对他的份额争讼；还是如卡西奥和贝加苏认为的，应当考虑争讼的整个标的物，因为是整个物作为裁判对象，并且有可能被完全判给其中一人？当然是后者的意见应当被赞同。

D. 2, 1, 12 乌尔比安：《告示评注》第 18 卷

市镇执法官不被允许对奴隶处以死刑，然而，并不否认他们可以对【奴隶】给予轻微的处罚。

D. 2, 1, 13pr. 乌尔比安：《萨宾评注》第 50 卷

作出审判命令的应当是执法官。

D. 2, 1, 13, 1

执法官或者是具有某种权力的人，例如行省执政官，或者是裁判官或统治行省的其他官员，但是他们不能在【已经】成为普通市民的某一天作出审判命令。

D. 2, 1, 14 *Idem libro trigensimo nono ad edictum*

Est receptum eoque iure utimur, ut si quis maior vel aequalis subiciat se iurisdictioni alterius, possit ei et adversus eum ius dici.

D. 2, 1, 15 *Idem libro secundo de omnibus tribunalibus*

Si per errorem alius pro alio praetor fuerit aditus, nihil valebit quod actum est. nec enim ferendus est qui dicat consensisse eos in praesidem, cum, ut Iulianus scribit, non consentiant qui errent: quid enim tam contrarium consensui est quam error, qui imperitiam detegit?

D. 2, 1, 16 *Idem libro tertio de omnibus tribunalibus*

Solet praetor iurisdictionem mandare: et aut omnem mandat aut speciem unam: et is cui mandata iurisdictio est fungetur vice eius qui mandavit, non sua.

D. 2, 1, 17 *Idem libro primo opinionum*

Praetor sicut universam iurisdictionem mandare alii potest, ita et in personas certas vel de una specie potest, maxime cum iustam causam susceptae ante magistratum advocationis alterius partis habuerat.

D.2, 1, 14 乌尔比安:《告示评注》第 39 卷

这种规定已经被接受并适用,即,将位阶更高或者与之同等的人置于另一人的【司法】管辖权之下,后者可以作出有利或者不利于他的判决。

D.2, 1, 15 乌尔比安:《论各种法院》第 2 卷

如果错误地向某个裁判官而不是另一个裁判官提起诉讼,已经实施的诉讼活动将不具有效力。的确,认为当事人已经在主持审判的人面前达成合意这一观点站不住脚,因为如同尤里安写道的,不能认为陷入错误的当事人之间达成了合意:既违反合意,又凸显其无经验的错误的是什么?

D.2, 1, 16 乌尔比安:《论各种法院》第 3 卷

裁判官常常将【司法】管辖权委托给他人:或者委托整个管辖权,或者就单个案件委托管辖权;被委托【司法】管辖权的人并不是在行使自己的管辖权,而是代替委托他的人行使权力。

D.2, 1, 17 乌尔比安:《意见集》第 1 卷

裁判官既可以把整个【司法】管辖权委托给另一人,同样也可以将它委托给特定的人或者就某个特别的案件委托管辖权,尤其是当他在担任裁判官职务之前,有正当理由为一方当事人提供辩护时。

D. 2, 1, 18 *Africanus libro septimo quaestionum*

Si convenerit, ut alius praetor, quam cuius iurisdictio esset, ius diceret et priusquam adiretur mutata voluntas fuerit, procul dubio nemo compelletur eiusmodi conventioni stare.

D. 2, 1, 19pr. *Ulpianus libro sexto fideicommissorum*

Cum quaedam puella apud competentem iudicem litem susceperat, deinde condemnata erat, posteaque ad viri matrimonium alii iurisdictioni subiecti pervenerat, quaerebatur, an prioris iudicis sententia exsequi possit. dixi posse, quia ante fuerat sententia dicta: sed et si post susceptam cognitionem ante sententiam hoc eveniet, idem putarem, sententiaque a priore iudice recte fertur. quod generaliter et in omnibus huiuscemodi casibus observandum est.

D. 2, 1, 19, 1

Quotiens de quantitate ad iurisdictionem pertinente quaeritur, semper quantum petatur quaerendum est, non quantum debeatur.

D. 2, 1, 20 *Paulus libro primo ad edictum*

Extra territorium ius dicenti impune non paretur. idem est et si supra iurisdictionem suam velit ius dicere.

D. 2, 1, 18 阿富里坎：《问题集》第 7 卷

如果达成协议，由应当有【司法】管辖权的裁判官以外的裁判官进行【司法】管辖，在向其提起诉讼之前改变了主意，毫无疑问，任何人都不应当被迫遵守这样一个协议。

D. 2, 1, 19pr. 乌尔比安：《遗产信托》第 6 卷

一个年轻女人在一个有【管辖】权的审判员那里已经进行了诉讼，并被判罚，随后她与处于另一位审判员管辖权之下的男人结婚了，这就产生了问题：能否执行前一审判员的判决。我认为能够，因为判决是在其【结婚】之前作出的；即使【结婚是】发生在开始审理之后判决作出之前，仍将是同样的观点，从而正确地使第一个审判员作出的判决具有效力。并且，这应当在所有类似情形下也都一般地被遵守。

D. 2, 1, 19, 1

每当产生需要根据数额确定【司法】管辖权的问题时，均应考虑请求所涉及的数额，而不是【按照】应该承担的数额。

D. 2, 1, 20 保罗：《告示评注》第 1 卷

对于超越其管辖领域行使【司法】管辖权的人可以不用服从，并不会受到任何惩罚。对于想要超越自己【司法】管辖权进行裁判的人，也是同样如此。

II
QUOD QUISQUE IURIS IN ALTERUM STATUERIT, UT IPSE EODEM IURE UTATUR

D. 2, 2, 1pr. *Ulpianus libro tertio ad edictum*

Hoc edictum summam habet aequitatem, et sine cuiusquam indignatione iusta: quis enim aspernabitur idem ius sibi dici, quod ipse aliis dixit vel dici effecit?

D. 2, 2, 1, 1

Qui magistratum potestatemve habebit, si quid in aliquem novi iuris statuerit, ipse quandoque adversario postulante eodem iure uti debet. si quis apud eum, qui magistratum potestatemque habebit, aliquid novi iuris optinuerit, quandoque postea adversario eius postulante eodem iure adversus eum decernetur: scilicet ut quod ipse quis in alterius persona aequum esse credidisset, id in ipsius quoque persona valere patiatur.

第二章
立法者受自立之法的约束

D. 2, 2, 1pr. 乌尔比安:《告示评注》第 3 卷

该告示总体上是公平的，任何人【对它】愤怒都是不对的：事实上，谁会拒绝将适用于或者使之适用于其他人的法适用于自己呢？

D. 2, 2, 1, 1

行使某项执法权或者权力的人，如果对某人制定了一些新的法律规定，如果【他的】某个对手要求，那么他本人也应当遵守该法律。如果某人已通过行使某项执法权或者权力的人在某些方面获得了新法的承认，如果之后他的对手要求，也应当基于同一法律对他【作出不利的裁判】：也就是说，那些某人认为对于另一个人而言是公平的，他应当支持其也适用于他本人。

II QUOD QUISQUE IURIS IN ALTERUM STATUERIT, UT IPSE EODEM IURE UTATUR

D. 2, 2, 1, 2

Haec autem verba: 'quod statuerit qui iurisdictioni praeest' cum effectu accipimus, non verbo tenus: et ideo si, cum vellet statuere, prohibitus sit nec effectum decretum habuit, cessat edictum. nam statuit verbum rem perfectam significat et consummatam iniuriam, non coeptam. et ideo si inter eos quis dixerit ius, inter quos iurisdictionem non habuit, quoniam pro nullo hoc habetur nec est ulla sententia, cessare edictum putamus: quid enim offuit conatus, cum iniuria nullum habuerit effectum?

D. 2, 2, 2 *Paulus libro tertio ad edictum*

Hoc edicto dolus debet ius dicentis puniri: nam si adsessoris imprudentia ius aliter dictum sit quam oportuit, non debet hoc magistratui officere, sed ipsi adsessori.

D. 2, 2, 3pr. *Ulpianus libro tertio ad edictum*

Si quis iniquum ius adversus aliquem impetravit, eo iure utatur ita demum, si per postulationem eius hoc venerit: ceterum si ipso non postulante, non coercetur. sed si impetravit, sive usus est iure aliquo, sive impetravit ut uteretur licet usus non sit, hoc edicto puniatur.

D. 2, 2, 1, 2

对于这些话:"那些被指定实施【司法】管辖权的人所制定的这些",我们理解【其是】关于【所制定的这些法令的】效力,而不仅仅是其单纯的表达:因此,【实施司法管辖权的人】尽管想要制定,但是因为受到阻碍而不能制定法令,则不会发生效力,该告示不能适用。事实上,"制定"这一词意味着某些具有完全效力的事物,以及某个已经完成的、而不仅仅是刚开始的不正当行为。因此,当某人对他并没有管辖权的人们实施管辖权时,因为这被认为是无效的,因而不存在任何判决,我们认为,该告示并没有适用:的确,当不正当的行为没有产生任何效力时,这一企图会导致什么损害呢?

D. 2, 2, 2 保罗:《告示评注》第 3 卷

根据该告示的规定,恶意实施【司法】管辖权的人应当受到惩罚:事实上,如果是因为助手的无经验,导致管辖权没有按照它本应当被实施的那样行使,这不应当对执法官造成伤害,而应该给助手本人造成伤害。

D. 2, 2, 3pr. 乌尔比安:《告示评注》第 3 卷

如果某人得以对另一人【适用了】一个不公平的法律,该法律对他同样也适用,只要这是基于他的请求而产生的;然而,如果不是他提出请求,他将不会被惩罚。但是如果是【基于他的请求】得以适用,无论是他作了某些利用,还是为了利用它而获得,尽管之后并没有利用它,都应当按照告示的规定对其进行惩罚。

D. 2, 2, 3, 1

Si procurator meus postulavit, quaeritur, quis eodem iure utatur: et putat Pomponius me solum, utique si hoc ei specialiter mandavi vel ratum habui. si tamen tutor vel curator furiosi postulaverit vel adulescentis, ipse hoc edicto coercetur. item adversus procuratorem id observandum est, si in rem suam fuerit datus.

D. 2, 2, 3, 2

Haec poena adversus omnem statuitur, qui in edictum incidit, non solum eo postulante qui ab eo laesus est, sed omni, qui quandoque experitur.

D. 2, 2, 3, 3

Si is pro quo spopondisti impetraverit, ne aliquis debitor ipsius adversus eum exceptione utatur, deinde tu in negotio, in quo spopondisti, velis exceptione uti: nec te nec ipsum oportet hoc impetrare, etsi interdum patiaris iniuriam, si solvendo debitor non sit. sed si tu incidisti in edictum, reus quidem utetur exceptione, tu non utaris: nec poena tua ad reum promittendi pertinebit: et ideo mandati actionem non habebis.

D. 2, 2, 3, 4

Si filius meus in magistratu in hoc edictum incidit, an in his actionibus, quas ex persona eius intendo, hoc edicto locus sit? et non puto, ne mea condicio deterior fiat.

D. 2, 2, 3, 1

如果是我的代理人提出的请求，就产生了应当对谁适用同一法律的问题：彭波尼认为只应当对我适用，尤其是如果我进行了特别委托或者我确认的情形。但是，如果提出请求的是精神病患者或者是25岁青少年的监护人或者保佐人，根据告示规定他应当被惩罚。对于为他自己的利益而任命的代理人而言，这也同样是应当遵守的。

D. 2, 2, 3, 2

该惩罚的规定是针对所有那些适用告示的人，不仅仅是受有损失而提出请求的人，而且也包括当时处在该审判中的任何其他人。

D. 2, 2, 3, 3

如果你对其提供了担保的某人获得了这样一种结果，即他的任何一个债务人都不对其行使抗辩，你【受告示约束也承担同样的义务】，而之后你想要行使你担保的债务的抗辩，即使有时侯当主债务人不具有清偿能力使你遭受了不公平的对待，你和主债务人都无权行使该抗辩：但是如果是你【作为保证人】导致适用该告示的规定，主债务人当然可以行使抗辩，而你不能：告示中对你的惩罚规定也不涉及主债务人，因此，也将不会存在【关于追偿的】委托之诉。

D. 2, 2, 3, 4

如果我的儿子作为执法官在行使职权时受到告示约束，该告示在我以他的名义提出请求的那些诉讼中适用吗？我认为不应当，这样，我的状况才不会变得更糟。

D. 2, 2, 3, 5

Quod autem ait praetor, ut is eodem iure utatur, an etiam ad heredem haec poena transmittatur? et scribit Iulianus non solum ipsi denegari actionem, sed etiam heredi eius.

D. 2, 2, 3, 6

Illud quoque non sine ratione scribit non solum in his actionibus pati eum poenam edicti, quas tunc habuit cum incideret in edictum, verum si quae postea ei adquirentur.

D. 2, 2, 3, 7

Ex hac causa solutum repeti non posse Iulianus putat: superesse enim naturalem causam, quae inhibet repetitionem.

D. 2, 2, 4 *Gaius libro primo ad edictum provinciale*

Illud eleganter praetor excipit: ' praeterquam si quis eorum contra eum fecerit, qui ipse eorum quid fecisset ' : et recte, ne scilicet vel magistratus, dum studet hoc edictum defendere, vel litigator, dum vult beneficio huius edicti uti, ipse in poenam ipsius edicti committat.

第二章 立法者受自立之法的约束

D. 2, 2, 3, 5

另外,裁判官确认,该法律对他也同样适用,惩罚也转移给他的继承人吗?尤里安写道,该诉讼不仅不适用于他本人,并且也不适用于他的继承人。

D. 2, 2, 3, 6

他还写道,并非没有道理的是,不仅在那些当时已经适用告示规定的诉讼中,而且在那些之后获得的诉讼中,他都要承受告示规定的惩罚。

D. 2, 2, 3, 7

尤里安认为,【基于告示规定的】该原因而进行的给付,不能够要求返还:的确,存在一个阻碍返还的自然原因。

D. 2, 2, 4 盖尤斯:《行省告示评注》第 1 卷

裁判官优雅地将下列情形排除在外:"除非他们中的某人对于实施了某个这类行为的人也【以相同的方式】实施了行为";当然,要正确地避免或者是执法官为了捍卫该告示,或者是纠纷当事人想要利用这个告示的好处,则他们自己不适用该告示的惩罚规定。

III
SI QUIS IUS DICENTI NON OBTEMPERAVERIT

D. 2, 3, 1pr. *Ulpianus libro primo ad edictum*

Omnibus magistratibus, non tamen duumviris, secundum ius potestatis suae concessum est iurisdictionem suam defendere poenali iudicio.

D. 2, 3, 1, 1

Is videtur ius dicenti non obtemperasse, qui quod extremum in iurisdictione est non fecit: veluti si quis rem mobilem vindicari a se passus non est, sed duci eam vel ferri passus est obtemperasse[1]: ceterum si et sequentia recusavit, tunc non obtemperasse videtur.

D. 2, 3, 1, 2

Si procurator tuus vel tutor vel curator ius dicenti non obtemperavit, ipse punitur, non dominus vel pupillus.

---

[1] < obtemperasse >, vd. Mo. – Kr., nt. 4.

第三章
某人不服从司法者的规定的情况

D. 2, 3, 1pr. 乌尔比安:《告示评注》第 1 卷

除了双执政官以外,所有的执法官都被授权以刑事诉讼来维持其【司法】管辖,从而与他们的权力相符合。

D. 2, 3, 1, 1

那些不实现【司法】管辖最终结果的,被认为是不服从司法者的规定的:例如,如果某人未允许对他实行关于一项动产的归还【之诉】,但是允许取回或者带走它,就是服从【司法者的规定】;但是,如果他拒绝进一步的结果,就是没有服从【司法者的规定】。

D. 2, 3, 1, 2

如果你的代理人或者监护人、保佐人不服从司法者的规定,应当是他,而不是当事人或者是被监护人受到惩罚。

D. 2, 3, 1, 3

Non solum autem reum, qui non obtemperavit, hoc edicto teneri Labeo ait, verum etiam petitorem.

D. 2, 3, 1, 4

Hoc iudicium non ad id quod interest, sed quanti ea res est concluditur: et cum meram poenam contineat, neque post annum neque in heredem datur.

D. 2, 3, 1, 3

拉贝奥认为，不仅是没有服从规定的被告应当按照告示的规定被提起诉讼，而且【没有服从的】原告【也应当按照告示的规定被提起诉讼】。

D. 2, 3, 1, 4

这一诉讼不包含对【原告】利益的估值，仅包含审判的客体物的价值，由于该诉讼是纯粹的刑事诉讼，满一年后将不能够提起，也不能向其继承人提起。

IV
DE IN IUS VOCANDO

D. 2, 4, 1 *Paulus libro quarto ad edictum*
In ius vocare est iuris experiundi causa vocare.

D. 2, 4, 2 *Ulpianus libro quinto ad edictum*
In ius vocari non oportet neque consulem neque praefectum neque praetorem neque proconsulem neque ceteros magistratus, qui imperium habent, qui et coercere aliquem possunt et iubere in carcerem duci: nec pontificem dum sacra facit: nec eos qui propter loci religionem inde se movere non possunt: sed nec eum qui equo publico in causa publica transvehatur. praeterea in ius vocari non debet qui uxorem ducat aut eam quae nubat: nec iudicem dum de re cognoscat: nec eum dum quis apud praetorem causam agit: neque funus ducentem familiare iustave mortuo facientem:

D. 2, 4, 3 *Callistratus libro primo cognitionum*
vel qui cadaver prosequuntur, quod etiam videtur ex rescripto divorum fratrum comprobatum esse:

第四章
关于传唤出庭

D. 2, 4, 1 保罗：《告示评注》第 4 卷
传唤就是为请求权利而起诉从而让某人出庭受审的行为。

D. 2, 4, 2 乌尔比安：《告示评注》第 5 卷
执政官、行政长官、裁判官、行省执政官，或者拥有治权的其他官员都不应当被传唤受审。他们既能够对某人进行强制，也能够命令驱逐某人。担任神职的祭司也不能被传唤；那些因当地的宗教不能从那里离开的人、在公共马匹上为办理公共事务而经过的人也不能被传唤。此外，正在娶妻或者正在举办结婚仪式的人、正在审理某一争议的审判员、正在裁判官面前处理某一案件的人、正在参加某个家人葬礼的人，或者正在为死者进行必要的仪式的人都不应当被传唤受审。

D. 2, 4, 3 伽里斯特拉杜斯：《论审理》第 1 卷
或者那些跟随死者的人【也不能被传唤】，这也是获得了"神圣兄弟"【马可·奥勒留与卢奇·威罗】的批复许可的。

D. 2, 4, 4pr. *Ulpianus libro quinto ad edictum*

quique litigandi causa necesse habet in iure vel certo loco sisti: nec furiosos vel infantes.

D. 2, 4, 4, 1

Praetor ait: ' parentem, patronum patronam, liberos parentes patroni patronae in ius sine permissu meo ne quis vocet'.

D. 2, 4, 4, 2

Parentem hic utriusque sexus accipe: sed an in infinitum, quaeritur. quidam parentem usque ad tritavum appellari aiunt, superiores maiores dici: hoc veteres existimasse Pomponius refert: sed Gaius Cassius omnes in infinitum parentes dicit, quod et honestius est et merito optinuit.

D. 2, 4, 4, 3

Parentes etiam eos accipi Labeo existimat, qui in servitute susceperunt: nec tamen, ut Severus dicebat, ad solos iustos liberos: sed et si vulgo quaesitus sit filius, matrem in ius non vocabit,

D. 2, 4, 5 *Paulus libro quarto ad edictum*

quia semper certa est, etiam si vulgo conceperit: pater vero is est, quem nuptiae demonstrant.

D. 2, 4, 4pr. 乌尔比安：《告示评注》第 5 卷

或者因为纠纷应当出现在法庭或指定地点的人【也不能被传唤】：精神病人，婴儿【也不能被传唤】。

D. 2, 4, 4, 1

裁判官宣称："未经我的允许，任何人不能传唤尊亲属、庇主（包括男性和女性）、卑亲属、（男性和女性）庇主的尊亲属。"

D. 2, 4, 4, 2

【至于】尊亲属，两种性别都包括，但需要讨论的是，能否无限追溯？一些人认为，所谓尊亲属是一直上溯到高祖父的人，而那些更高的则是所谓的先人：彭波尼在提到古代【法学家】时已经这样认为；但是卡西奥将所有往上追溯的人都称为尊亲属，直到无穷尽：这一观点更正确，因此理所应当地占了上风。

D. 2, 4, 4, 3

拉贝奥认为，尊亲属也指那些之前是奴隶时生育后代的人。另外，和【瓦莱里奥】塞维鲁所说的不同，不仅仅是合法的后代，如果有合法婚姻之外所生的子女，他也不能传唤他的母亲出庭受审。

D. 2, 4, 5 保罗：《告示评注》第 4 卷

因为即使是在合法婚姻之外孕育的，母亲也总是确定的；而父亲的身份则是基于婚姻确定的。

D. 2, 4, 6 Idem libro primo sententiarum

Parentes naturales in ius vocare nemo potest: una est enim omnibus parentibus servanda reverentia.

D. 2, 4, 7 Idem libro quarto ad edictum

Patris adoptivi parentes impune vocabit, quoniam hi eius parentes non sunt, cum his tantum cognatus fiat quibus et adgnatus.

D. 2, 4, 8pr. Ulpianus libro quinto ad edictum

Adoptivum patrem, quamdiu in potestate est, in ius vocare non potest iure magis potestatis quam praecepto praetoris, nisi sit filius qui castrense habuit peculium: tunc enim causa cognita permittetur. sed naturalem parentem ne quidem dum est in adoptiva familia in ius vocabit[1].

D. 2, 4, 8, 1

'Patronum', inquit, 'patronam'. patroni hic accipiendi sunt, qui ex servitute manumiserunt: vel si collusionem detexit: vel si qui praeiudicio pronuntietur esse libertus cum alioquin non fuerit, aut si iuravi eum libertum meum esse: quemadmodum per contrarium pro patrono non habebor, si contra me iudicatum est aut si me deferente iuraverit se libertum non esse.

---

[1] O vocari⑥, vd. Mo. – Kr., nt. 11.

第四章 关于传唤出庭

D.2,4,6 保罗：《论点集》第 1 卷

任何人都不能传唤与他有自然血缘关系的尊亲属出庭。的确，对所有的尊亲属都应当保有同样的尊敬。

D.2,4,7 保罗：《告示评注》第 4 卷

任何人传唤养父的尊亲属出庭都不会遭到禁止，因为这些人不是他的尊亲属，【按照法律规定，】他从被收养时起，仅与那些变成他们父系亲属的人，转变成同宗族的亲属。

D.2,4,8pr. 乌尔比安：《告示评注》第 5 卷

只要还处在支配权之下，家子就不能传唤养父出庭，这与其说是根据裁判官的规定，不如说是根据家父的支配权，除非涉及的是有军事特有产的家子：的确，这种情形在案件审理之后将可以允许。然而，当其在收养家庭中时，将不会传唤与他自己有自然血缘关系的尊亲属出庭受审。

D.2,4,8,1

裁判官提到了"庇主"。这里的"庇主"是指那些通过解放【奴隶】将奴隶转变为自由人的人，或者那些【在对某个解放自由人就其出生自由人身份问题提出控诉，在这一审理中】揭露【其】串通行为的人，或者某人之前并不是自由人，然而在某个先决案件中被宣告为解放自由人，或者【我曾经被要求作出宣誓，】我宣誓说他是我的解放自由人；同样地，相反，如果作出了反对我的判决，或者我要求他宣誓，而他宣誓他不是解放自由人，我都将被认为不是庇主。

D. 2, 4, 8, 2

Sed si ad iusiurandum adegi, ne uxorem ducat, ne nubat, impune in ius vocabor. et Celsus quidem ait in tali liberto ius ad filium meum me vivo non transire: sed Iulianus contra scribit. plerique Iuliani sententiam probant. secundum quod eveniet, ut patronus quidem in ius vocetur, filius quasi innocens non vocetur.

D. 2, 4, 9 *Paulus libro quarto ad edictum*

Is quoque, qui ex causa fideicommissi manumittit, non debet in ius vocari, quamvis ut manumittat, in ius vocetur.

D. 2, 4, 10pr. *Ulpianus libro quinto ad edictum*

Sed si hac lege emi ut manumittam, et ex constitutione divi Marci venit ad libertatem: cum sim patronus, in ius vocari non potero. sed si suis nummis emi et fidem fregi, pro patrono non habebor.

D. 2, 4, 10, 1

Prostituta contra legem venditionis venditorem habebit patronum, si hac lege venierat, ut si prostituta esset, fieret libera. at si venditor, qui manus iniectionem excepit, ipse prostituit, quoniam et haec pervenit ad libertatem, sub illo quidem, qui vendidit, libertatem consequitur, sed honorem haberi ei aequum non est, ut et Marcellus libro sexto digestorum existimat.

D. 2, 4, 8, 2

然而，如果我迫使【我的解放自由人】宣誓说不娶妻或者不结婚，他们传唤我出庭受审将不会被禁止。之后，杰尔苏认为，对于处在这种情形中的解放自由人，当我活着的时候，该权利不能延及我的儿子。但是尤里安写的相反。绝大多数人赞成尤里安的意见。依此能够发生的是庇主被传唤出庭，而庇主的儿子不被传唤出庭，因为他是无辜的。

D. 2, 4, 9 保罗：《告示评注》第 4 卷

依照遗产信托解放【奴隶】的人也不应当被传唤出庭受审，尽管他可以被传唤出庭实施解放【奴隶】的行为。

D. 2, 4, 10pr. 乌尔比安：《告示评注》第 5 卷

然而，即使我附解放条件地购买了一个【奴隶】，并且他基于圣马可【奥勒留】的谕令实现了自由，我作为庇主也不能被传唤出庭。但是，如果我以该奴隶【为解放他】给我的金钱【相同的数额】购买他，并且之后我违反了该信托，我将不被认为是庇主。

D. 2, 4, 10, 1

如果一个奴隶被出售并附带一个条款，即如果让她卖身，她将变为解放自由人，后来因违反出售合同中的约定让她卖身，出卖人将作为庇主。然而，如果该出卖人保留了【在买受人让该奴隶卖身的情形】通过执行行为重新取得她的权利，【而重新取得她，】将她卖身，在这种情形下该奴隶也成为解放自由人，她获得该自由，但是，如同马尔西安在《学说汇纂》第 6 卷中所认为的那样，出卖人被尊为庇主是不公平的。

D. 2, 4, 10, 2

Patronum autem accipimus etiam si capite minutus sit: vel si libertus capite minutus, dum adrogetur per obreptionem. cum enim hoc ipso, quo adrogatur, celat condicionem, non id actum videtur ut fieret ingenuus.

D. 2, 4, 10, 3

Sed si ius anulorum accepit, puto eum reverentiam patrono exhibere debere, quamvis omnia ingenuitatis munia habet. aliud si natalibus sit restitutus: nam princeps ingenuum facit.

D. 2, 4, 10, 4

Qui manumittitur a corpore aliquo vel collegio vel civitate, singulos in ius vocabit: nam non est illorum libertus. sed rei publicae honorem habere debet et si adversus rem publicam vel universitatem velit experiri, veniam edicti petere debet, quamvis actorem eorum constitutum in ius sit vocaturus.

D. 2, 4, 10, 5

Liberos parentesque patroni patronaeque utriusque sexus accipere debemus.

D.2, 4, 10, 2

我们的意思是，即使【他的】法律地位被降低，或者解放自由人因为通过诡计获得家子身份【导致】法律地位被降低，他也仍然保留庇主的身份。的确，因为在他隐瞒其【解放自由人的】身份使某人给他自权人收养（adrogatio）的情形下，并不认为他能获得生来自由人（ingenuus）的身份。

D.2, 4, 10, 3

但是，如果他接受了"佩戴金戒指权"（ius aurorum aneolorum）[1]，尽管他也承担了一个生来自由人的全部义务，我认为他也应当对庇主表示尊敬。如果他被恢复为生来自由人，则情形就不同了：的确，这样君主就使他成为【完全】生来自由人。

D.2, 4, 10, 4

被某个协会、团体或者城市解放的人可以传唤成员个体出庭，因为获得自由的奴隶并不是他们的，但是应当尊重这种共同体。如果要对它或者集体提起诉讼，即使基于该目的传唤他们的代理人出庭也应当申请告示规定的许可。

D.2, 4, 10, 5

（男性和女性）庇主的尊亲属和卑亲属应当既包括男性，也包括女性。

---

[1]"佩戴金戒指权"是指，解放自由人在被皇帝授予该权利后，即转变为生来自由人。参见黄风：《罗马法》，中国人民大学出版社2014年版，第44页。

D. 2, 4, 10, 6

Sed si per poenam deportationis ad peregrinitatem redactus sit patronus, putat Pomponius eum amisisse honorem. sed si fuerit restitutus, erit ei etiam huius edicti commodum salvum.

D. 2, 4, 10, 7

Parentes patroni etiam adoptivi excipiuntur: sed tamdiu quamdiu adoptio durat.

D. 2, 4, 10, 8

Si filius meus in adoptionem datus sit, vocari a liberto meo in ius non poterit: sed nec nepos in adoptiva familia susceptus. sed si filius meus emancipatus adoptaverit filium, hic nepos in ius vocari poterit: nam mihi alienus est.

D. 2, 4, 10, 9

Liberos autem secundum Cassium, ut in parentibus, et ultra trinepotem accipimus.

D. 2, 4, 10, 10

Si liberta ex patrono fuerit enixa, mutuo se ipsa et filius eius in ius non vocabunt.

D. 2, 4, 10, 11

Sin autem liberi patroni capitis accusaverunt libertum paternum vel in servitutem petierunt, nullus eis honor debetur.

D. 2, 4, 10, 6

然而，如果庇主因为被放逐而成为外邦人，彭波尼认为他已经丧失了作为庇主被尊重的权利。不过，如果他恢复了罗马市民的身份，也将保留告示规定的利益。

D. 2, 4, 10, 7

收养人也被视为庇主的尊亲属，但是仅限于收养关系存续期间。

D. 2, 4, 10, 8

如果我的家子被收养，他不能够被我的解放自由人传唤出庭，而进入并成为收养家庭中的成员的孙子也【不能够被传唤出庭】。但是，如果我的已经解放的家子收养了一个儿子，这个孙子可以被传唤出庭，因为他相对于我而言是一个无关的外人。

D. 2, 4, 10, 9

依照卡西奥的观点，我们所指的卑亲属，和尊亲属类似，也包括超过四代人以外的卑亲属。

D. 2, 4, 10, 10

如果女性的解放自由人有了一个庇主的儿子，她和她的儿子不能够被彼此传唤出庭。

D. 2, 4, 10, 11

另外，如果庇主的卑亲属向父亲的解放自由人提起死刑之诉，或者要求将他恢复为他们的奴隶，他就没有义务再尊重他们。

D. 2, 4, 10, 12

Praetor ait: ' in ius nisi permissu meo ne quis vocet'. permissurus enim est, si famosa actio non sit vel pudorem non suggilat, qua patronus convenitur vel parentes. et totum hoc causa cognita debet facere: nam interdum etiam ex causa famosa, ut Pedius putat, permittere debet patronum in ius vocari a liberto: si eum gravissima iniuria adfecit, flagellis forte cecidit.

D. 2, 4, 10, 13

Semper autem hunc honorem patrono habendum, etsi quasi tutor vel curator vel defensor vel actor interveniat patronus. sed si patroni tutor vel curator interveniat, impune posse eos in ius vocari Pomponius scribit et verius est.

D. 2, 4, 11 *Paulus libro quarto ad edictum*

Quamvis non adiciat praetor causa cognita se poenale iudicium daturum, tamen Labeo ait moderandam iurisdictionem: veluti si paeniteat libertum et actionem remittat: vel si patronus vocatus non venerit: aut si non invitus vocatus sit, licet edicti verba non patiantur.

D. 2, 4, 12 *Ulpianus libro quinquagensimo septimo ad edictum*

Si libertus in ius vocaverit contra praetoris edictum filium

D. 2, 4, 10, 12

裁判官宣告："未经我的许可，谁都不能被传唤出庭受审。"事实上，如果传唤庇主或者其尊亲属出庭的诉讼不是不名誉的或者冒犯的，裁判官都将会许可。他应当做的全部就是对案件预先审查。的确，如同贝蒂认为的，有时候即使是不名誉的案件也应当许可庇主被解放自由人传唤出庭：如果他对该解放自由人【的人身】实施了某个非常严重的不法行为，如对他进行了鞭打。

D. 2, 4, 10, 13

这一点对于庇主的尊重总是适用，即使庇主以监护人、保佐人、辩护人或者代理人的身份参与出庭。但是，彭波尼写道的，并且也是更符合事实的观点是，当庇主的监护人或者保佐人参与出庭时，他们能够被传唤出庭，并不被禁止。

D. 2, 4, 11 保罗：《告示评注》第 4 卷

尽管裁判官没有补充说对案件审理之后将给予一个刑罚之诉，然而，拉贝奥认为，【司法】管辖权的行使应当与现实状况相符合：例如在解放自由人后悔并放弃诉讼的情形下；或者被传唤的庇主没有出庭的情形下；又或者违背他的意愿，他未被传唤出庭，尽管告示【规定】的文字并没有允许【这种情形】。

D. 2, 4, 12 乌尔比安：《告示评注》第 57 卷

如果解放自由人违反裁判官告示的规定，传唤了处于庇

patroni sui, quem ipse patronus in potestate habet: probandum est absente patre subveniendum esse filio qui in potestate est et ei poenalem in factum actionem, id est quinquaginta aureorum, adversus libertum competere.

D. 2, 4, 13 *Modestinus libro decimo pandectarum*

Generaliter eas personas, quibus reverentia praestanda est, sine iussu praetoris in ius vocare non possumus.

D. 2, 4, 14 *Papinianus libro primo responsorum*

Libertus a patrono reus constitutus, qui se defendere paratus pro tribunali praesidem provinciae frequenter interpellat, patronum accusatorem in ius non videtur vocare.

D. 2, 4, 15 *Paulus libro primo quaestionum*

Libertus adversus patronum dedit libellum non dissimulato se libertum esse eius: an si ad desiderium eius rescribatur, etiam edicti poena remissa esse videtur? respondi non puto ad hunc casum edictum praetoris pertinere. neque enim qui libellum principi vel praesidi dat, in ius vocare patronum videtur.

D. 2, 4, 16 *Idem libro secundo responsorum*

Quaesitum est, an tutor pupilli nomine patronam suam sine permissu praetoris vocare possit. respondi eum, de quo quaeritur, pupilli nomine etiam in ius vocare patronam suam potuisse sine

主支配之下的、自己庇主的家子出庭受审，应当赞同的是，在家父缺席的情形下，处于家父支配权之下的家子应当被救济，他对该解放自由人享有一个 50 金币的轻微惩罚的事实刑之诉。

D.2, 4, 13 莫特斯丁：《潘德克吞》第 10 卷

一般而言，没有裁判官的授权，我们不能传唤那些应当受到尊重的人们。

D.2, 4, 14 帕比尼安：《解答集》第 1 卷

被庇主起诉的解放自由人已经做好了在法庭上为自己辩护的准备，而坚持不懈地催促行省总督，不视为是解放自由人传唤作为原告的庇主。

D.2, 4, 15 保罗：《问题集》第 1 卷

解放自由人提交了一个反对庇主的申请文件，并且没有打算隐藏自己曾经是他的解放自由人的事实：当批复有利于其请求时，应当认为告示规定的惩罚仍然适用吗？我已经作出了回答。我不认为裁判官告示规定和这种情形有关。的确，这不能视为向皇帝或者总督提交申请文件的那个解放自由人传唤庇主受审。

D.2, 4, 16 保罗：《解答集》第 2 卷

一个问题被提出：未经裁判官的允许，监护人是否能够以其被监护人的名义传唤他的女庇主出庭？我的回答是，在

permissu praetoris.

D. 2, 4, 17 *Idem libro primo sententiarum*

Eum, pro quo quis apud officium cavit, exhibere cogitur. item eum qui apud acta exhibiturum se esse quem promisit, et si officio non caveat, ad exhibendum tamen cogitur.

D. 2, 4, 18 *Gaius libro primo ad legem duodecim tabularum*

Plerique putaverunt nullum de domo sua in ius vocari licere, quia domus tutissimum cuique refugium atque receptaculum sit, eumque qui inde in ius vocaret vim inferre videri.

D. 2, 4, 19 *Paulus libro primo ad edictum*

Satisque poenae subire eum, si non defendatur et latitet, certum est, quod mittitur adversarius in possessionem bonorum eius. sed si aditum ad se praestet aut ex publico conspiciatur, recte in ius vocari eum Iulianus ait.

D. 2, 4, 20 *Gaius libro primo ad legem duodecim tabularum*

Sed etiam ab ianua et balineo et theatro nemo dubitat in ius vocari licere.

我们所讨论的这种情形中，监护人也可以不经裁判官的允许，以其被监护人的名义传唤他的女庇主出庭。

D. 2, 4, 17 保罗：《论点集》第 1 卷

在司法机关作出关于担保的要式口约，保证另外一个人【出庭】，他被强制使该人出庭。同样地，如果对将使某人出庭的允诺进行了登记，即使没有在【司法】机关【口头地】订立关于担保的要式口约，他仍然有义务强制使其出庭。

D. 2, 4, 18 盖尤斯：《十二表【法】评注》第 1 卷

绝大多数人认为，将任何人从他的家里传唤出庭受审都是不合法的，因为家对于任何人而言都是最安全的庇护所和避难港，从这样的地方传唤出庭受审被视为是在对其实施暴力。

D. 2, 4, 19 保罗：《告示评注》第 1 卷

当然，那些无法找到而没有出庭辩护的人会遭受到相应的惩罚，就是对方被许可占有其财产。但是尤里安认为，如果他能够被联络到，并且使他自己出现在公众视野中，他能够正确地被传唤出庭受审。

D. 2, 4, 20 盖尤斯：《十二表【法】评注》第 11 卷

没有人质疑可以合法地传唤在家门口、浴场或者剧院的人。

D. 2, 4, 21 *Paulus libro primo ad edictum*

Sed etsi is qui domi est interdum vocari in ius potest, tamen de domo sua nemo extrahi debet.

D. 2, 4, 22pr. *Gaius libro primo ad legem duodecim tabularum*

Neque impuberes puellas, quae alieno iuri subiectae essent, in ius vocare permissum est.

D. 2, 4, 22, 1

Qui in ius vocatus est, duobus casibus dimittendus est: si quis eius personam defendet, et si, dum in ius venitur, de re transactum fuerit.

D. 2, 4, 23 *Marcianus libro tertio institutionum*

Communis libertus licet plurium sit, debet a praetore petere, ut ei liceat vel quendam ex patronis in ius vocare, ne in poenam incidat ex edicto praetoris.

D. 2, 4, 24 *Ulpianus libro quinto ad edictum*

In eum, qui adversus ea fecerit, quinquaginta aureorum iudicium datur: quod nec heredi nec in heredem nec ultra annum datur.

D. 2, 4, 25 *Modestinus libro primo de poenis*

Si sine venia edicti impetrata libertus patronum in ius voca-

第四章 关于传唤出庭

D. 2, 4, 21 保罗：《告示评注》第 1 卷

尽管有时候也可以传唤在家里的人出庭受审，但是任何人都不能从他的家里被拖出来。

D. 2, 4, 22 pr. 盖尤斯：《十二表【法】评注》第 1 卷

处于他人支配权之下的未到青春期的少女也不允许被传唤出庭受审。

D. 2, 4, 22, 1

被传唤出庭受审的人应当走向两种情形：某人参与为他人担任辩护；他被传唤出庭受审的同时，该诉讼被和解。

D. 2, 4, 23 马尔西安：《法学阶梯》第 3 卷

为了免受裁判官告示规定的惩罚，【数个庇主的】共同的解放自由人虽然是处于多个庇主的支配权之下，但也应当请求裁判官允许他传唤哪怕仅仅是其中一个庇主出庭受审。

D. 2, 4, 24 乌尔比安：《告示评注》第 5 卷

对于那些违反这些规定的人，将给予一个对其要求 50 金币的诉讼。该诉讼既不能由继承人提起，也不能向继承人提起，并且不能超过 1 年提出。

D. 2, 4, 25 莫特斯丁：《论刑罚》第 1 卷

如果解放自由人没有获得告示规定的许可传唤了庇主出

verit, ex querella patroni vel supradictam poenam, id est quinquaginta aureos dat vel a praefecto urbi quasi inofficiosus castigatur, si inopia dinoscitur laborare.

庭，依照庇主的诉讼请求，他要么支付上述惩罚，即 50 金币；要么如果确认他处于贫困状态，就由城市行政长官对其进行体罚，因为他违反了他的义务。

V

SI QUIS IN IUS VOCATUS NON IERIT SIVE QUIS EUM VOCAVERIT, QUEM EX EDICTO NON DEBUERIT

D. 2, 5, 1 *Ulpianus libro primo ad edictum*

Si quis in ius vocatus fideiussorem dederit in iudicio sistendi causa non suppositum iurisdictioni illius, ad quem vocatur, pro non dato fideiussor habetur, nisi suo privilegio specialiter renuntiaverit.

D. 2, 5, 2pr. *Paulus libro primo ad edictum*

Ex quacumque causa ad praetorem vel alios, qui iurisdictioni praesunt, in ius vocatus venire debet, ut hoc ipsum sciatur, an iurisdictio eius sit.

D. 2, 5, 2, 1

Si quis in ius vocatus non ierit, ex causa a competenti iudice multa pro iurisdictione iudicis damnabitur: rusticitati enim hominis parcendum erit: item si nihil intersit actoris eo tempore in ius adversarium venisse, remittit praetor poenam, puta quia feriatus dies fuit.

…

第五章
如果某人被传唤而不去法院或者某人传唤了依告示不应被传唤的人

D.2,5,1 乌尔比安:《告示评注》第1卷

如果某个被传唤出庭的人保证自己将出庭受审,并【作为该保证的客体】提供了一个并不处于他在其面前被传唤的人管辖权之下的保证人。该保证人视为没有被提供,除非他已经特别声明放弃了他【被免除责任】的特权。

D.2,5,2pr. 保罗:《告示评注》第1卷

因为任何原因被传唤出庭的人,应当到裁判官或者其他被指定具有管辖权的人面前,因为他至少要核实该【司法者】是否【对他】有管辖权。

D.2,5,2,1

如果某个被传唤的人没有出庭,将由主审的审判员根据该审判员的【司法】管辖权【以及】案件的情况,判处相应的惩罚:的确,应当宽恕人的粗野。同样地,如果原告对于对方在那天出庭受审并不存在利益,例如因为那天是节假日,裁判官将免除对其的惩罚。

V SI QUIS IN IUS VOCATUS NON IERIT SIVE QUIS EUM VOCAVERIT, QUEM EX EDICTO NON DEBUERIT

D. 2, 5, 3 *Ulpianus libro quadragensimo septimo ad Sabinum*

Cum quis in iudicio sisti promiserit neque adiecerit poenam, si status non esset: incerti cum eo agendum esse in id quod interest verissimum est, et ita Celsus quoque scribit.

D.2, 5, 3 乌尔比安:《萨宾评注》第 47 卷

如果某人已经承诺自己将出庭受审,但是没有提到如果他未出庭情况下的罚金,当然,应当对其提起一个诉讼,向他请求相当于原告利益的金额。杰尔苏也这样写道。

VI
IN IUS VOCATI UT EANT AUT SATIS VEL CAUTUM DENT

D. 2, 6, 1 *Paulus libro primo ad edictum*

Edicto cavetur, ut fideiussor iudicio sistendi causa datus pro rei qualitate locuples detur exceptis necessariis personis: ibi enim qualemcumque accipi iubet: veluti pro parente patrono,

D. 2, 6, 2 *Callistratus libro primo ad edictum monitorium*

item pro patrona liberisve suis vel uxore nuruve. tunc enim qualiscumque fideiussor accipi iubetur: et in eum, qui non acceperit, cum sciret eam necessitudinem personarum, quinquaginta aureorum iudicium competit,

第六章
被传唤出庭的人提供【出庭】保证人或者作出【出庭】担保的要式口约

D.2, 6, 1 保罗:《告示评注》第1卷

告示规定,为保证被传唤者出席审判而确定的保证人,应当依被告的情况而具有相应的经济能力,除非这些人之间存在密切关系:如果其【有密切关系的人】存在,【告示】规定可以不考虑经济能力而接受其作为保证人,例如父亲或者庇主。

D.2, 6, 2 伽里斯特拉杜斯:《教师【使用】的告示》第1卷

对于女庇主或者他的子嗣,或者对于他的妻子或者儿媳而言也是同样。的确,在这些情形下,【告示】规定不论其状况如何,都接受他作为保证人。如果某人尽管知道存在某种特定的人身关系而没有接受其作为保证人,可以对他提起一个请求50金币的诉讼。

D. 2, 6, 3 *Paulus libro quarto ad edictum*

quoniam pro locuplete accipitur "quivis"[1] fideiussor in necessariis personis.

D. 2, 6, 4 *Ulpianus libro quinquagensimo octavo ad edictum*

Qui duos homines in iudicio sisti promisit, si alterum exhibet, alterum non, ex promissione non videtur eos stetisse, cum alter eorum non sit exhibitus.

---

[1] < quivis >, vd. Mo. – Kr., nt. 1.

第六章　被传唤出庭的人提供【出庭】保证人或者作出【出庭】担保的要式口约

D.2,6,3 保罗:《告示评注》第4卷

因为具有密切关系的人就如同经济状况较好的人一样，可以被接受作为保证人。

D.2,6,4 乌尔比安:《告示评注》第58卷

如果某人作出允诺将有两人出庭，若仅有一人出庭，另一人没有出庭，不认为该出庭符合允诺，因为他们其中一人没有出席参加庭审。

VII
NE QUIS EUM QUI IN IUS VOCABITUR VI EXIMAT

D. 2, 7, 1pr. *Ulpianus libro quinto ad edictum*

Hoc edictum praetor proposuit, ut metu poenae compesceret eos, qui in ius vocatos vi eripiunt.

D. 2, 7, 1, 1

Denique Pomponius scribit servi quoque nomine noxale iudicium reddendum, nisi sciente domino id fecit: tunc enim sine noxae deditione iudicium suscipiet.

D. 2, 7, 1, 2

Ofilius putat locum hoc edicto non esse, si persona, quae in ius vocari non potuit, exempta est, veluti parens et patronus ceteraeque personae: quae sententia mihi videtur verior. et sane si deliquit qui vocat, non deliquit qui exemit.

第七章
避免某人以暴力使被传唤
出庭者摆脱【出庭】

D. 2, 7, 1pr. 乌尔比安:《告示评注》第 5 卷

裁判官颁布该告示的目的是,通过刑罚威慑制止那些暴力夺走被传唤出庭者的人。

D. 2, 7, 1, 1

此外,彭波尼写道,【对于这一事实,】应当给予关于奴隶的损害之诉,除非他们是在主人知晓的情形下实施【该不法行为】,在这种情形下,主人参与庭审进行辩护,而不可能发生损害投偿。

D. 2, 7, 1, 2

奥菲留认为,如果某个本来不能够被传唤出庭受审的人,例如父亲和庇主,以及其他【类似地位的】人被阻止出庭,不适用本告示的规定。我认为这一观点更符合实际。当然,如果某人已经实施了不法行为,传唤【不应当被传唤出庭的人】出庭,使【被传唤出庭的人】摆脱【出庭】的人则没有实施不法行为。

VII NE QUIS EUM QUI IN IUS VOCABITUR VI EXIMAT

D. 2, 7, 2pr. *Paulus libro quarto ad edictum*

Nam cum uterque contra edictum faciat, et libertus qui patronum vocat, et is qui patronum vi eximat: deteriore tamen loco libertus est, qui in simili delicto petitoris partes sustinet.

D. 2, 7, 2, 1

Eadem aequitas est in eo, qui alio quam quo debuerat in ius vocabatur: sed et fortius dicendum est non videri vi eximi eum, cui sit ius ibi non conveniri.

D. 2, 7, 3pr. *Ulpianus libro quinto ad edictum*

Quod si servum quis exemit in ius vocatum, Pedius putat cessare edictum, quoniam non fuit persona, quae in ius vocari potuit. quid ergo? ad exhibendum erit agendum.

D. 2, 7, 3, 1

Si quis ad pedaneum iudicem vocatum quem eximat, poena eius edicti cessabit.

D. 2, 7, 3, 2

Quod praetor praecepit 'vi eximat': vi an et dolo malo? sufficit vi, quamvis dolus malus cesset.

第七章 避免某人以暴力使被传唤出庭者摆脱【出庭】

D.2, 7, 2pr. 保罗：《告示评注》第4卷

的确，无论是传唤庇主出庭受审的解放自由人，还是以暴力使庇主摆脱出庭的人，两者的行为都违反了告示的规定。但是和对方一样实施了不法行为却作为原告的解放自由人的情况更糟。

D.2, 7, 2, 1

同样基于公平【的理由】也适用于那些被传唤到别处出庭受审，而不是他本应当出庭地方的人。但是应当说，那些有权利在该地方不被控告的人不能够被认为是暴力摆脱【出庭】。

D.2, 7, 3pr. 乌尔比安：《告示评注》第5卷

基于同样的理由，如果某人使被传唤出庭的奴隶摆脱出庭，贝蒂认为不适用本告示的规定，因为【奴隶】是不能够被传唤出庭的人。那么怎么办呢？应当提起出示【该奴隶】之诉。

D.2, 7, 3, 1

如果某人使被传唤在一个级别较低的审判员面前参与庭审的人摆脱出庭，不适用本告示所规定的惩罚。

D.2, 7, 3, 2

裁判官规定了"以暴力方式摆脱出庭"：以暴力方式，还是也包括以欺诈的方式？仅仅是以暴力方式就足够了，即使欠缺欺诈。

D. 2, 7, 4pr. *Paulus libro quarto ad edictum*

Sed eximendi verbum generale est, ut Pomponius ait. eripere enim est de manibus auferre per raptum: eximere quoquo modo auferre. ut puta si quis non rapuerit quem, sed moram fecerit quo minus in ius veniret, ut actionis dies exiret vel res tempore amitteretur: videbitur exemisse, quamvis corpus non exemerit. sed et si eo loci retinuerit, non abduxit, his verbis tenetur.

D. 2, 7, 4, 1

Item si quis eum, qui per calumniam vocabatur, exemerit: constat eum hoc edicto teneri.

D. 2, 7, 4, 2

Praetor ait 'neve faciat dolo malo, quo magis eximeretur': nam potest sine dolo malo id fieri, veluti cum iusta causa est exemptionis.

D. 2, 7, 5pr. *Ulpianus libro quinto ad edictum*

Si per alium quis exemerit, hac clausula tenetur, sive praesens fuit sive absens.

第七章 避免某人以暴力使被传唤出庭者摆脱【出庭】

D. 2, 7, 4pr. 保罗：《告示评注》第 4 卷

但是，如同彭波尼所认为的，词语"摆脱"（eximere）具有一般化的意义。的确，"夺走"（eripere）是指通过暴力夺取的方式从人们手中带走；"摆脱"指以任何方式带走。举例来说，例如某人并没有抢夺另一人，但是引起了一个延误，使得他没能出庭受审，导致其实施诉讼的期限届满，或者因为时间经过而输掉了官司。这将被视为是实施了一个"摆脱"，即使并不存在一个有形的、身体的摆脱。然而，即使在某地使得其摆脱，没有让他离开，也按照【告示使用的】这些文字【的规定】承担责任。

D. 2, 7, 4, 1

同样地，即使某人使某个被诽谤而被传唤出庭的人摆脱出庭，依照本告示规定【当然他也被认为构成"摆脱"】。

D. 2, 7, 4, 2

裁判官声称"不应当以故意的方式使之被摆脱出庭"：的确，可以在非故意的情形下摆脱出庭，例如当存在摆脱【出庭的】某个正当理由时。

D. 2, 7, 5pr. 乌尔比安：《告示评注》第 5 卷

如果一个人通过另外一个人使某人摆脱【出庭】，根据本告示条款的规定，不论该人是出席还是缺席审判，都被认为构成"摆脱"。

D. 2, 7, 5, 1

In eum autem, qui vi exemit, in factum iudicium datur: quo non id continetur quod in veritate est, sed quanti ea res est ab actore aestimata, de qua controversia est. hoc enim additum est, ut appareat etiam si calumniator quis sit, tamen hanc poenam eum persequi.

D. 2, 7, 5, 2

Docere autem debet quis per hanc exemptionem factum quo minus in ius produceretur. ceterum si nihilo minus productus est, cessat poena: quoniam verba cum effectu sunt accipienda.

D. 2, 7, 5, 3

Hoc iudicium in factum est: et si plures deliquerint in singulos dabitur, et nihilo minus manet qui exemptus est obligatus:

D. 2, 7, 5, 4

Heredibus autem ita dabitur, si eorum intersit: neque autem in heredem neque post annum dabitur.

D. 2, 7, 6 *Idem libro trigensimo quinto ad edictum*

Is qui debitorem vi exemit, si solverit, reum non liberat, quia poenam suam solvit.

第七章 避免某人以暴力使被传唤出庭者摆脱【出庭】

D. 2, 7, 5, 1

另一方面，对于以暴力使某人摆脱【出庭】的人，可以对其提起一个事实之诉，所主张的不是争议标的物的真实价值，而是【主案件中】原告对其估算的价值。增加这个【规定】是因为，这个惩罚是针对使某人摆脱【出庭】的人，即使那个【起诉他的人】是一个诽谤者。

D. 2, 7, 5, 2

另一方面，当事人应当证明，由于其被实施了摆脱，他被阻止出席审判。否则，尽管如此，他出席了审判，就不产生惩罚，因为【告示的】文字应当是从结果意义上来理解。

D. 2, 7, 5, 3

这一诉讼是基于事实的：如果多个人实施了不法行为，将对每个人提起诉讼，尽管如此，被摆脱出庭的人仍然有义务【出席审判】。

D. 2, 7, 5, 4

另一方面，继承人也可以提起该诉讼，只要该诉讼对其有利益存在；但是不能对继承人提起该诉讼，也不能超过1年起诉。

D. 2, 7, 6 乌尔比安：《告示评注》第35卷

某人用暴力使一个债务人摆脱【出庭】，如果之后该债务人清偿了债务，不能够免除【因该告示而产生的】被告的【人的】给付，因为他支付的正是他自己的罚金。

VIII
QUI SATISDARE COGANTUR VEL IURATO PROMITTANT VEL SUAE PROMISSIONI COMMITTANTUR

D. 2, 8, 1 *Gaius libro quinto ad edictum provinciale*

Satisdatio eodem modo appellata est quo satisfactio. nam ut satisfacere dicimur ei, cuius desiderium implemus, ita satisdare dicimur adversario nostro, cum[1] pro eo, quod a nobis petiit, ita cavetur[2], ut eum hoc nomine securum faciamus datis fideiussoribus.

D. 2, 8, 2pr. *Ulpianus libro quinto ad edictum*

Fideiussor in iudicio sistendi causa locuples videtur dari non tantum ex facultatibus, sed etiam ex conveniendi facilitate.

D. 2, 8, 2, 1

Si quis his personis, quae agere non potuerunt, fideiussorem iudicio sistendi causa dederit, frusta erit datio.

---

[1] Oqui⑥, vd. Mo. Kr., nt. 10.
[2] Ocavit⑥, vd. Mo. – Kr., nt. 10.

第八章
被强制提供担保或者作出宣誓允诺的人，以及被强制自己承诺的人

D. 2, 8, 1 盖尤斯：《行省告示评注》第 5 卷

"提供担保"（*satisdatio*），与"使之满意"（*satisfactio*）这一词语一样【用复合词的形式指称】。的确，就像人们说"我们使之满意"（*satisfacere*），我们满足他的意愿，这样人们对相对方说"我们提供担保"（*satisdare*），当相对方要求时，通过向其提供保证人的方式使其就此处于安全状态。

D. 2, 8, 2pr. 乌尔比安：《告示评注》第 5 卷

【按照告示的规定，】为担保出庭而被提供的保证人应当是有能力的，这不仅是指实质意义上的【经济能力】，也是指可以作为被告的便利性。

D. 2, 8, 2, 1

如果某人向本不能够提起诉讼的人提供了一个保证人来担保出庭，该提供保证人的担保将毫无用处。

VIII QUI SATISDARE COGANTUR VEL IURATO PROMITTANT VEL SUAE PROMISSIONI COMMITTANTUR

D. 2, 8, 2, 2

Praetor ait: 'Si quis parentem, patronum patronam, liberos aut parentes patroni patronae, liberosve suos eumve quem in potestate habebit, vel uxorem, vel nurum in iudicium vocabit: qualiscumque fideiussor iudicio sistendi causa accipiatur. '

D. 2, 8, 2, 3

Quod ait praetor 'liberosve suos', accipiemus et ex feminino sexu descendentes liberos. parentique dabimus hoc beneficium non solum sui iuris, sed etiam si in potestate sit alicuius: hoc enim Pomponius scribit. et filius fideiussor pro patre fieri potest, etiam si in alterius potestate sit. nurum etiam pronurum et deinceps accipere debemus.

D. 2, 8, 2, 4

Quod ait praetor 'qualiscumque fideiussor accipiatur': hoc quantum ad facultates, id est etiam non locuples.

D. 2, 8, 2, 5

In fideiussorem, qui aliquem iudicio sisti promiserit, tanti quanti ea res erit actionem dat praetor. quod utrum veritatem contineat an vero quantitatem, videamus. et melius est ut in veram quantitatem fideiussor teneatur, nisi pro certa quantitate accessit.

D. 2, 8, 2, 2

裁判官宣称："如果某人传唤他的父亲、庇主（包括男性和女性）、庇主的卑亲属或者尊亲属、他自己的卑亲属或者处于他支配权之下的人、妻子或者儿媳出庭受审，允许任何【这些】人作为保证人来担保其出庭。"

D. 2, 8, 2, 3

裁判官所说的"他自己的卑亲属"也包含母系的卑亲属。这一好处被给予父亲，不论其在法律上是独立的，还是处于某人的支配之下：彭波尼的确这样写道。儿子可以作为父亲的保证人，即使父亲处于另一人的支配之下。就像儿媳也应当被理解为孙子及其后代子孙的妻子一样。

D. 2, 8, 2, 4

裁判官所宣称的"允许任何【这些】人作为保证人"指的是实质意义的，也就是说，也包括那些不富有的人。

D. 2, 8, 2, 5

对于就某人出庭作出了允诺的保证人，裁判官允许对其提起一个相当于争议标的价值的诉讼。我们来看看这是包含【争议标的】真实价值，还是【原告所估价的】数额。保证人被要求【争议标的】真实价值更合适，除非是为了一个特定的价值【提供保证】。

D. 2, 8, 3 *Gaius libro primo ad edictum provinciale*

Sive in duplum est actio sive tripli aut quadrupli, tanti eundem fideiussorem omnimodo teneri dicimus, quia tanti res esse intellegitur.

D. 2, 8, 4 *Paulus libro quarto ad edictum*

Si decesserit qui fideiussorem dederit iudicio sistendi causa, non debebit praetor iubere exhibere eum. quod si ignorans iusserit exhiberi vel post decretum eius ante diem exhibitionis decesserit, deneganda erit actio. si autem post diem exhibitionis decesserit aut amiserit civitatem, utiliter agi potest.

D. 2, 8, 5pr. *Gaius libro primo ad edictum provinciale*

Si vero pro condemnato fideiusserit et condemnatus decesserit aut civitatem Romanam amiserit, recte nihilo minus cum fideiussore eius agetur.

D. 2, 8, 5, 1

Qui pro rei qualitate evidentissime locupletem vel, si dubitetur, adprobatum fideiussorem iudicio sistendi causa non acceperit: iniuriarum actio adversus eum esse potest, quia sane non quaelibet iniuria est duci in ius eum, qui satis idoneum fideiussorem det. sed et ipse fideiussor, qui non sit acceptus, tamquam de iniuria sibi facta queri poterit.

第八章　被强制提供担保或者作出宣誓允诺的
人，以及被强制自己承诺的人

D.2, 8, 3 盖尤斯：《行省告示评注》第1卷

无论该诉讼主张的是两倍、三倍还是四倍的金额，我们认为，都是同一保证人对全部金额承担保证责任，因为其指向的总是诉讼争议的价值。

D.2, 8, 4 保罗：《告示评注》第4卷

如果提供保证人担保其出庭的某人之后死亡了，裁判官不应当命令【保证人】出庭。因为如果不知道该人死亡而命令【保证人】让他出庭，或者该人是在他的指令发出之后，出庭日期到来之前死亡，应当否定【对保证人】的诉权。相反，如果该人是在出庭日期之后死亡或者丧失市民资格，则可以提起扩用之诉。

D.2, 8, 5pr. 盖尤斯：《行省告示评注》第1卷

但是，如果某人为已经被判罚的人会出席执行程序提供了保证，如果该被判罚的人死亡或者丧失罗马市民资格，尽管如此，公平的是，应当对他的保证人提起诉讼。

D.2, 8, 5, 1

如果某人没有接受一个担保【他人】出庭的保证人，【该保证人】相对于状况明显是有能力的，或者在有疑问的情形下，【依据肯定性的裁判】已经确认了这一点，则可以对他提起一个对人的侵辱之诉，因为提供了充分适合的保证人的人被卷入审判并不是无足轻重的侵辱行为。但是没被接受的保证人也可以就对他实施的侵辱行为提起诉讼。

D. 2, 8, 6 *Paulus libro duodecimo ad edictum*

Quotiens vitiose cautum vel satisdatum est, non videtur cautum.

D. 2, 8, 7pr. *Ulpianus libro quarto decimo ad edictum*

Si fideiussor non negetur idoneus, sed dicatur habere fori praescriptionem et metuat petitor, ne iure fori utatur: videndum quid iuris sit. et divus Pius (ut et Pomponius libro epistularum refert et Marcellus libro tertio digestorum et Papinianus libro tertio quaestionum) Cornelio Proculo rescripsit merito petitorem recusare talem fideiussorem: sed si alias caveri non possit, praedicendum ei non usurum eum privilegio, si conveniatur.

D. 2, 8, 7, 1

Si necessaria satisdatio fuerit et non facile possit reus ibi eam praestare, ubi convenitur: potest audiri, si in alia eiusdem provinciae civitate satisdationem praestare paratus sit. si autem satisdatio voluntaria est, non in alium locum remittitur: neque enim meretur qui ipse sibi necessitatem satisdationis imposuit.

D. 2, 8, 7, 2

Si satisdatum pro re mobili non sit et persona suspecta sit, ex qua satis desideratur: apud officium deponi debebit si hoc iudici sederit, donec vel satisdatio detur vel lis finem accipiat.

第八章 被强制提供担保或者作出宣誓允诺的人，以及被强制自己承诺的人

D. 2, 8, 6 保罗：《告示评注》第 12 卷

只要所作的关于担保的要式口约或者所提供的担保存在瑕疵，就视为没有提供担保。

D. 2, 8, 7pr. 乌尔比安：《告示评注》第 14 卷

如果没有否认该保证人是适格的，但是确认他享有资格抗辩，原告担心他【利用该抗辩的】权利，应当考虑什么是符合法律的。（如同不论是彭波尼在《书信集》中，还是马尔西安在《学说汇纂》第 3 卷中，或者帕比尼安在《问题集》第 3 卷中提到的）圣·安东尼·皮奥通过寄给普罗库勒的批复规定，原告可以合理地拒绝这种保证人；但是如果不可能提供其他的担保，应当预先警告该保证人，当其被起诉控告时不得【利用该抗辩的】特权。

D. 2, 8, 7, 1

如果提供担保是必须的，而被告在他被传唤出庭的地方不容易提供保证人，如果他愿意在同一个省的另外一个城市提供保证人，可以允许。相反，如果提供保证人是自愿的，则不能在另外的地方提供保证人：的确，自己给自己施加提供保证人的必要性，这不值得。

D. 2, 8, 7, 2

如果对于一项动产物没有提供保证人，而被要求担保的人是被怀疑【为不可信任】的，如果对于审判员而言是适当的，该物应当被寄存在司法机构处，直到或者是他提供了保证人，或者是诉讼终结。

VIII QUI SATISDARE COGANTUR VEL IURATO PROMITTANT VEL SUAE PROMISSIONI COMMITTANTUR

D. 2, 8, 8pr. *Paulus libro quarto decimo ad edictum*

De die ponenda in stipulatione solet inter litigatores convenire. si non conveniat, Pedius putat in potestate stipulatoris esse: moderato spatio de hoc a iudice statuendo.

D. 2, 8, 8, 1

Qui mulierem adhibet ad satisdandum, non videtur cavere: sed nec miles nec minor viginti quinque annis probandi sunt: nisi hae personae in rem suam fideiubeant, ut pro suo procuratore. quidam etiam, si a marito fundus dotalis petatur, in rem suam fideiussuram mulierem.

D. 2, 8, 8, 2

Si servus inveniatur, qui antequam iudicium accipiatur fideiussit iudicatum solvi: succurrendum est actori, ut ex integro caveatur. minori quoque viginti quinque annis succurrendum est, fortasse et mulieri propter imperitiam.

D. 2, 8, 8, 3

Si fideiussor iudicatum solvi stipulatori heres extiterit aut stipulator fideiussori, ex integro cavendum erit.

第八章 被强制提供担保或者作出宣誓允诺的人，以及被强制自己承诺的人

D. 2, 8, 8pr. 保罗:《告示评注》第 14 卷

通常争讼双方会对【出庭】受审的时间达成合意，将其插入【关于担保的】要式口约中，但是如果欠缺该合意，贝蒂认为应当由原告决定，并给予一个适当的时间段，该时间段应当由审判员确定。

D. 2, 8, 8, 1

将一个女人作为保证人的不视为提供了担保。但是，无论是军人还是未满 25 岁的未成年人都不被接受【作为保证人】，除非这些人是为他们自己的利益提供保证，就像是为他们的代理人提供保证一样。一些人认为在丈夫被起诉请求嫁资的情形，可以视为女人是为自己的利益提供保证。

D. 2, 8, 8, 2

如果发现在审判受理之前提供保证担保判决履行的某人是一个奴隶，应当对原告给予救济，使他能够被重新提供担保。同样地，因为无经验，对未满 25 岁的未成年人也应当提供救济，也许对女人亦是如此。

D. 2, 8, 8, 3

如果担保判决履行的保证人成为【关于担保的】要式口约缔约人的继承人，【提供】保证人的要式口约缔约人应当重新提供担保。

D. 2, 8, 8, 4

Tutor et curator, ut rem salvam fore pupillo caveant, mittendi sunt in municipium, quia necessaria est satisdatio: item de re restituenda domino proprietatis, cuius usus fructus datus est: item legatarius, ut caveat evicta hereditate legata reddi, et quod amplius per legem Falcidiam ceperit: heres quoque ut legatorum satisdet audiendus est, ut in municipium mittatur. plane si misso iam legatario in possessionem, cum per heredem staret quominus caveret, heres postulet uti de possessione decedat paratumque se dicat in municipio cavere: impetrare non debebit. diversum, si sine culpa aut dolo heredis missus sit in possessionem.

D. 2, 8, 8, 5

Iubetur iurare de calumnia, ne quis vexandi magis adversarii causa, forsitan cum Romae possit satisdare, in municipium evocet: sed quibusdam hoc iusiurandum de calumnia remittitur, velut parentibus et patronis. sic autem iurare debet qui in municipium remittitur ' Romae se satisdare non posse et ibi posse, quo postulat remitti, idque se non calumniae causa facere' : nam sic non est compellendus iurare ' alibi se quam eo loco satisdare non posse', quia si Romae non potest, pluribus autem locis possit, cogitur peierare.

第八章 被强制提供担保或者作出宣誓允诺的人，以及被强制自己承诺的人

D.2,8,8,4

监护人和保佐人【对被监护人】提供担保保障其财产的完整性，应当到市政厅进行，因为提供保证人是必要的。这同样适用于【用益权人】担保向裸体所有权人返还在其上设立了用益权的物。这同样也适用于受遗赠人在遗产被追夺的情形下担保返还遗赠的物，以及其他超出他按照《法尔其第法》（Lex Falcidia）规定而接受的物。继承人也应当被允许到市政厅为履行遗赠提供保证人。当然，如果受遗赠人已经被许可占有【遗赠物】，因为继承人的原因而没有提供担保，该继承人宣称现在已经准备好在市政厅提供担保，而要求受遗赠人返还【对遗赠物的】占有，他所要求的内容不应当获得实现。如果受遗赠人是在继承人没有故意或者过失的情形下被许可占有【遗赠物】，情形则不同。

D.2,8,8,5

【人们】被要求作出不以诽谤方式起诉的宣誓，不要基于欺压相对方的目的邀请他出现在市政厅，尽管他能够在罗马提供保证人。有些人可以被免除作出该不以诽谤方式起诉的宣誓，比如父亲和庇主。被带到市政厅的人应当这样作出宣誓："他不能在罗马提供保证人，但是可以在他要求被带到的地方提供，并且他这样做不是出于诽谤的目的。"的确，他不能够被强迫作出这样的宣誓："他不可以在除此以外的其他地方提供保证人"，因为如果他不能在罗马，但是能够在其他许多地方提供担保，他就是被迫作出虚假的宣誓。

D. 2, 8, 8, 6

Hoc autem tunc impetrabitur, cum iusta causa esse videbitur. quid enim si, cum erat in municipio, noluit cavere? hoc casu non debet impetrare, cum per eum steterit, quominus ibi, ubi ire desiderat, satisdaret.

D. 2, 8, 9 *Gaius libro quinto ad edictum provinciale*

Arbitro ad fideiussores probandos constituto, si in alterutram partem iniquum arbitrium videatur, perinde ab ed atque ab iudicibus appellare licet.

D. 2, 8, 10pr. *Paulus libro septuagensimo quinto ad edictum*

Si ab arbitro probati sunt fideiussores, pro locupletibus habendi sunt, cum potuerit querella ad competentem iudicem deferri, qui ex causa improbat ab arbitro probatos, alias improbatos probat:

D. 2, 8, 10, 1

multoque magis, si sua voluntate accepit fideiussores, contentus his esse debet. quod si medio tempore calamitas fideiussoribus insignis vel magna inopia accidit, causa cognita ex integro satisdandum erit.

第八章 被强制提供担保或者作出宣誓允诺的人，以及被强制自己承诺的人

D. 2, 8, 8, 6

但是只有当存在正当的原因时，才可以这样做。如果他在市政厅的时候不愿意提供担保，实际上会发生什么？在这种情况下他不应当获得他要求的，因为他在要求被带到的地方没有提供保证人。

D. 2, 8, 9 盖尤斯:《行省告示评注》第 5 卷

为审查保证人是否适格指定了一名仲裁人。如果仲裁人的裁判对于其中一方当事人不公平，允许对其提出申诉，这就如同【能够】对审判员【的裁判提出申诉】一样。

D. 2, 8, 10pr. 保罗:《告示评注》第 75 卷

获得仲裁人认可的保证人应当视为是具有能力的，因为如果不是这样，他将能够诉诸主管的审判员。审判员根据具体情形，认定被仲裁人认可的保证人不适格，而在另外一些情形下，认定那些没有获得【仲裁员】认可的保证人是适格的。

D. 2, 8, 10, 1

尤其是如果原告按照他自己的意愿接受了保证人，他应当满意该保证人。不过，如果同时保证人遭受了一个严重的灾难，或者说他们陷入贫困，在案件审理之后应当重新提供保证人。

D. 2, 8, 11 *Ulpianus libro septuagensimo quinto ad edictum*

Iulianus ait, si ante, quam mandarem tibi ut fundum peteres, satis acceperis petiturus fundum et postea mandatu meo agere institueris, fideiussores teneri.

D. 2, 8, 12 *Idem libro septuagensimo septimo ad edictum*

Inter omnes convenit heredem sub condicione, pendente condicione possidentem hereditatem, substituto cavere debere de hereditate, et, si defecerit condicio, adeuntem hereditatem substitutum et petere hereditatem posse et, si optinuerit, committi stipulationem. et plerumque ipse praetor et ante condicionem existentem et ante diem petitionis venientem ex causa iubere solet stipulationem interponi.

D. 2, 8, 13 *Paulus libro septuagensimo quinto ad edictum*

Sed et si plures substituti sint, singulis cavendum est.

D. 2, 8, 14 *Idem libro secundum responsorum*

Filius familias defendit absentem patrem: quaero an iudicatum solvi satisdare debeat. Paulus respondit eum qui absentem defendit, etiam si filius vel pater sit, satisdare petituro ex forma edicti debere.

第八章 被强制提供担保或者作出宣誓允诺的人，以及被强制自己承诺的人

D. 2, 8, 11 乌尔比安：《告示评注》第 75 卷

尤里安论述道，如果我委托你去起诉收回一块土地之前，你对将来追回该土地让人给你提供了担保，然后你基于我的授权委托提起诉讼，则保证人需要对此承担责任。

D. 2, 8, 12 乌尔比安：《告示评注》第 77 卷

所有人达成共识同意，附条件的继承人如果在条件没有发生的时期内占有遗产的，应当就遗产对替补继承人作出一个关于担保的要式口约。因此，如果该条件没有发生，接受该遗产的替补继承人可以通过提起要求继承之诉主张该遗产，并且如果他胜诉，要式口约就发生法律效力。大多数情形下，无论是在该条件发生之前，还是在能够提起要求继承之诉的期限届满之前，裁判官通常会根据案件的具体情形，要求附条件的继承人作出【关于担保的】要式口约。

D. 2, 8, 13 保罗：《告示评注》第 75 卷

即使替补继承人为多个人，也应当对他们中的每一个人提供担保。

D. 2, 8, 14 保罗：《解答集》第 2 卷

一个处于父亲支配权之下的儿子为缺席的父亲辩护：这产生的问题是，他是否应当为判决的履行提供担保？保罗回答说，根据告示规定使用的文字，他为某个缺席的人辩护，即使涉及的是儿子或者是父亲，也应当对原告提供担保。

D. 2, 8, 15pr. *Macer libro primo de appellationibus*

Sciendum est possessores immobilium rerum satisdare non compelli.

D. 2, 8, 15, 1

Possessor autem is accipiendus est, qui in agro vel civitate rem soli possidet aut ex asse aut pro parte. sed et qui vectigalem, id est emphyteuticum agrum possidet, possessor intellegitur. item qui solam proprietatem habet, possessor intellegendus est. eum vero, qui tantum usum fructum habet, possessorem non esse Ulpianus scripsit.

D. 2, 8, 15, 2

Creditor, qui pignus accepit, possessor non est, tametsi possessionem habeat aut sibi traditam aut precario debitori concessam.

D. 2, 8, 15, 3

Si fundus in dotem datus sit, tam uxor quam maritus propter possessionem eius fundi possessores intelleguntur.

D. 2, 8, 15, 4

Diversa causa est eius, qui fundi petitionem personalem habet.

D. 2, 8, 15, 5

Tutores, sive pupilli eorum sive ipsi possideant, possessorum loco habentur: sed et si unus ex tutoribus possessor fuit, idem dicendum erit.

第八章 被强制提供担保或者作出宣誓允诺的人，以及被强制自己承诺的人

D. 2, 8, 15pr. 马切尔：《论上诉》第 1 卷

应当知道的是，不动产的占有人不被强制提供担保。

D. 2, 8, 15, 1

在乡下或者在城市全部或者部分地占有某个不动产的人应当被视为占有人。但是，占有一块赋税田，也就是永佃田的人也应当被视为是占有人。同样地，仅仅拥有【裸体】所有权的人也应当被看作是占有人。相反，乌尔比安写道，仅仅享有用益权的人不是占有人。

D. 2, 8, 15, 2

接受质押物的债权人不是占有人，尽管或者因为该物被转移到他手中，或者因为临时让与而将该物转让给债务人，他占有了该物。

D. 2, 8, 15, 3

如果一块土地被作为嫁资给付，与该土地的占有相关的妻子和丈夫都是占有人。

D. 2, 8, 15, 4

如果某人享有一个主张该块土地的对人之诉，情形则不同。

D. 2, 8, 15, 5

无论是他们的被监护人占有，还是他们本人占有，监护人都被视为占有人。如果监护人中只有一个是占有人，也是同样的。

D. 2, 8, 15, 6

Si fundum, quem possidebam, a me petieris, deinde cum secundum te esset iudicatum, appellaverim: an possessor eiusdem fundi sim? et recte dicetur possessorem me esse, quia nihilominus possideo, nec ad rem pertinet, quod evinci mihi ea possessio possit.

D. 2, 8, 15, 7

Possessor autem quis nec ne fuerit, tempus cautionis spectandum est: nam sicuti ei, qui post cautionem possessionem vendidit, nihil obest, ita nec prodest ei, qui post cautionem possidere coepit.

D. 2, 8, 16 *Paulus libro sexto ad edictum*

Qui iurato promisit iudicio sisti, non videtur peierasse, si ex concessa causa hoc deseruerit.

D. 2, 8, 15, 6

如果你向我主张要求归还被我占有的土地,并且产生了一个有利于你的判决,我提出了上诉,那么,我是这块土地的占有人吗?正确的说法是,我是占有人,因为我对【该土地】的占有并没有减损,而且我的这种占有可以被剥夺这一点并不具有重要意义。

D. 2, 8, 15, 7

关于某个人曾经是否是占有人的问题,需要考察提供担保的时刻:的确,如果某人在提供担保后将占有物出售,这不损害他【作为占有人的资格】,而且如果在提供担保后他开始占有,他也不享有【作为占有人的资格】。

D. 2, 8, 16 保罗:《告示评注》第 6 卷

某人通过宣誓允诺提供出庭的担保,如果因为某个被许可的原因,该允诺之后没有实现,这不构成违背誓言。

IX
SI EX NOXALI CAUSA AGATUR, QUEMADMODUM CAVEATUR

D. 2, 9, 1pr. *Ulpianus libro septimo ad edictum*

Si quis eum, de quo noxalis actio est, iudicio sisti promisit, praetor ait in eadem causa eum exhibere debere[1], in qua tunc est, donec iudicium accipiatur.

D. 2, 9, 1, 1

'In eadem causa' quid sit, videamus: et puto verius eum videri in eadem causa sistere, qui ad experiendum non facit ius actoris deterius. si desinat servus esse promissoris vel actio amissa sit, non videri in eadem causa statum Labeo ait: vel si qui pari loco erat in litigando, coepit esse in duriore, vel loco vel persona mutata: itaque si quis ei qui in foro promissoris conveniri non potest venditus aut potentiori datus sit, magis esse putat, ut non videatur in eadem causa sisti. sed et si noxae deditus sit, Ofilius

---

[1] \<debere\>, vd. Mo. – Kr., nt. 13.

第九章
如果提起损害之诉,如何作出关于担保的要式口约

D.2,9,1pr. 乌尔比安:《告示评注》第7卷

如果某人承诺,被提起损害之诉的人将出庭受审,裁判官宣称,直到接受审判之前,应当使其处于与【承诺作出当时】相同的情形。

D.2,9,1,1

我们看一下"处于相同情形"的意思:我认为更符合事实的是,诉讼的实施没有导致原告的权利变得更糟,这是在相同的情形下出庭。如果奴隶不再是属于允诺人的,或者该诉讼不存在了,拉贝奥认为这就不能视为是在相同情形下出庭;或者,处于争议的平等一方的某人,因为地点或者人的变动,处于更为不利的情形。这样,【拉贝奥】更正确地认为,如果该奴隶被卖给一个在承诺人所在地的法院不能够作为被告的人,或者被交付给了一个更有权势的人,不应当认为是使【该奴隶】在相同情形下出庭。然而,奥菲留认为,即使是进行了损

non putat in eadem causa sisti, cum noxae deditione ceteris noxalem actionem peremi putat.

D. 2, 9, 2pr. *Paulus libro sexto ad edictum*

Sed alio iure utimur. nam ex praecedentibus causis non liberatur noxae deditus: perinde enim noxa caput sequitur, ac si venisset.

D. 2, 9, 2, 1

Si absens sit servus, pro quo noxalis actio alicui competit: si quidem dominus non negat in sua potestate esse, compellendum putat Vindius vel iudicio eum sisti promittere vel iudicium accipere, aut, si nolit defendere, cauturum, cum primum potuerit, se exhibiturum: sin vero falso neget in sua potestate esse, suscepturum iudicium sine noxae deditione. idque Iulianus scribit et si dolo fecerit, quominus in eius esset potestate. sed si servus praesens est, dominus abest nec quisquam servum defendit, ducendus erit iussu praetoris: sed causa cognita domino postea dabitur defensio, ut Pomponius et Vindius scribunt, ne ei absentia sua noceat: ergo et actori actio restituenda est, perempta eo quod ductus servus in bonis eius esse coepit.

害投偿，也不构成在相同情形下出庭，因为他认为，由于进行了损害投偿，对于其他人的损害之诉就消灭了。

D.2,9,2pr. 保罗:《告示评注》第6卷

但是，我们使用一个不同的法则：的确，作为损害投偿对象的人不会对之前的【损害】案件免除责任，因为不法事实【对应的惩罚】是跟随着其行为人的，在其被出售的情形下亦然。

D.2,9,2,1

如果被提起损害之诉的奴隶缺席出庭，如果主人不否认该奴隶处于他的支配之下，温蒂澳认为，他应当被强制作出承诺，承诺该奴隶将出庭受审，或者他本人将接受审判，或者，如果他不愿为该奴隶辩护，他应当通过要式口约担保一旦有可能就让他出庭；相反，如果他错误地否认该奴隶处于他的支配之下，他应当遭受审判，而不能移交【实施侵害行为的奴隶】进行损害投偿。尤里安写道，这也适用于通过恶意行为使该奴隶不处于他支配之下的情形。然而，如果该奴隶出庭了，而其主人缺席，没有人为该奴隶担任辩护，将依照裁判官的命令将其带走：不过如同彭波尼和温蒂澳写道的，案件审理之后接下来将给予主人担任辩护的可能性，因为他不能因为他的缺席而受到损害：因此，因为作为他受裁判官法保护的财产取得的奴隶被带走而消灭的诉，也应当归还给原告。

D. 2, 9, 3 *Ulpianus libro septimo ad edictum*

Si cum usufructuario noxali iudicio agetur isque servum non defenderit, denegatur ei per praetorem usus fructus persecutio.

D. 2, 9, 4 *Gaius libro sexto ad edictum provinciale*

Si cum uno ex dominis noxali ⟨○[1]⟩ agetur, an pro parte socii satisdare deberet?[2] Sabinus ait non debere: quia quodammodo totum suum hominem defenderet, cui in solidum defendendi necessitas esset, nec auditur, si pro parte paratus sit defendere.

D. 2, 9, 5 *Ulpianus libro quadragensimo septimo ad Sabinum*

Si servum in eadem causa sistere quidam promiserit et liber factus sistatur: si de ipso controversia est capitalium actionum iniuriarumque nomine, non recte sistitur: quia aliter de servo supplicium et verberibus de iniuria satisfit, aliter de libero vindicta sumitur vel condemnatio pecuniaria. quod autem ad ceteras noxales causas pertinet, etiam in meliorem causam videtur pervenisse.

D. 2, 9, 6 *Paulus libro undecimo ad Sabinum*

Sed si statu liberum sisti promissum sit, in eadem causa sisti videtur, quamvis liber sistatur, quod implicitus ei casus libertatis fuerit.

---

[1] ○noxalis⑥, vd. Mo. – Kr. , nt. 2.
[2] ○debet et⑥, vd. Mo. – Kr. , nt. 3.

第九章 如果提起损害之诉，如何作出关于担保的要式口约

D.2,9,3 乌尔比安:《告示评注》第7卷

如果对用益权人提起损害之诉，而他们没有为奴隶担任辩护，裁判官将拒绝其在法律上使用用益权抗辩。

D.2,9,4 盖尤斯:《行省告示评注》第6卷

如果对于【奴隶的】共有人中的某一人提起损害之诉，后者应当对共有人的份额提供担保吗？萨宾认为不应当：因为【否则】，如同全部【财产】属于该奴隶一样为其辩护，他就被看作是在为【共有人】整体担任辩护，而如果他被设定【仅仅】只是为某一份额担任辩护，则不应当被允许【为共有人的份额提供担保】。

D.2,9,5 乌尔比安:《萨宾评注》第47卷

如果某人已经承诺奴隶将以相同的情形出庭，而使该奴隶出庭是在其变为自由人之后，并没有让他【以相同的情形】正确地出庭，如果对该奴隶的争讼案件涉及的是死刑诉讼或者是【对人的】侵辱之诉，因为对奴隶存在死刑，而对于【对人的】侵辱之诉可以通过棍击实现；对一个自由人进行惩罚则不同，例如【可以】判处一笔罚金。而在关于损害责任的所有其他案件中，认为他也处于更好的情形。

D.2,9,6 保罗:《萨宾评注》第11卷

然而，如果已经承诺一个待自由人将出庭受审，即使他是作为自由人出庭，也视为他是处于相同的情形，因为【待自由人身份】已经暗含了【他从奴隶】被解放的这一变迁。

X

DE EO PER QUEM FACTUM ERIT QUOMINUS QUIS IN IUDICIO SISTAT

D. 2, 10, 1pr. *Ulpianus libro septimo ad edictum*

Aequissimum putavit praetor dolum eius coercere, qui impedit aliquem iudicio sisti.

D. 2, 10, 1, 1

Fecisse autem dolo malo non tantum is putatur, qui suis manibus vel per suos retinuit, verum qui alios quoque rogavit ut eum detinerent vel abducerent, ne iudicio sistat, sive scientes sive ignorantes quid esset quod comminisceretur.

D. 2, 10, 1, 2

Dolum autem malum sic accipimus, ut si quis venienti ad iudicium aliquid pronuntiaverit triste, propter quod is necesse habuerit ad iudicium non venire, teneatur ex hoc edicto: quamvis quidam putent sibi eum imputare, qui credulus fuit.

第十章
由于其行为使某人不能出席审判的人

D. 2, 10, 1pr. 乌尔比安:《告示评注》第 7 卷
裁判官认为对阻止他人出庭受审的恶意进行压制是非常公平的。

D. 2, 10, 1, 1
人们认为,不仅亲手或者通过他的人使他人摆脱出庭的人,而且那些请求其他人使之摆脱出庭或者将其带走,从而使之不出庭受审的人,无论其是知道还是不知道他们参与做的是什么,他们实施的都是具有恶意的行为。

D. 2, 10, 1, 2
接着我们这样来理解恶意:依照本告示的规定,对正赶往出庭的某人宣布一个悲伤的消息,以使其认为有必要不出庭的人是恶意的。尽管有些人认为,那个人很轻易地相信了他,这也是可以归责于那个人自己的。

D. 2, 10, 1, 3

Si reus dolo actoris non steterit, non habebit reus adversus eum actionem ex hoc edicto, cum contentus esse possit exceptione, si ex stipulatu conveniatur de poena, quod ad iudicium non venerit. aliter atque si ab alio sit impeditus: nam actionem propositam adversus eum exercebit.

D. 2, 10, 1, 4

Si plures dolo fecerint, omnes tenentur: sed si unus praestiterit poenam, ceteri liberantur, cum nihil intersit.

D. 2, 10, 1, 5

Servi nomine ex hac causa noxali iudicio agendum omnes consentiunt.

D. 2, 10, 1, 6

Et heredi datur, sed non ultra annum. adversus heredem autem hactenus puto dandam actionem, ut ex dolo defuncti heres non lucretur.

D. 2, 10, 2 *Paulus libro sexto ad edictum*

Si actoris servus domino sciente et cum possit non prohibente dolo fecerit, quo minus in iudicio sistam, Ofilius dandam mihi exceptionem adversus dominum ait, ne ex dolo servi dominus lucretur. si vero sine voluntate domini servus hoc fecerit, Sabinus

D.2,10,1,3

如果被告因为原告的恶意没有出庭,依照本告示的规定,不能对原告提起诉讼。如果之后他因为没有出庭而依照支付罚金的要式口约被起诉,则可以行使抗辩。在被另一个人阻止【出庭的】情形下则不同,的确,他将能够对后者提起告示规定的诉讼。

D.2,10,1,4

如果恶意实施行为的人为多人,所有人都承担法律责任,但是如果其中某一人支付了【全部】罚金,其他人则都被免除惩罚,因为原告【对此】不再享有任何利益。

D.2,10,1,5

所有人都赞同的是,对于这类案件,【如果】涉及奴隶,应当提起损害投偿之诉。

D.2,10,1,6

继承人也被允许提起该诉讼,但是不能超过1年提起。相反,对继承人提起该诉讼,我认为只有在足以阻止继承人从死者的恶意【行为】中获得利益时,才能够对他提起。

D.2,10,2 保罗:《告示评注》第6卷

如果原告的一个奴隶,在主人知道而且能够制止但是没有制止的情形下,恶意地实施了某行为导致我没有能够出庭。奥菲留认为,我应当被授予一个对抗家父的抗辩,以使家父不能够从该奴隶的恶意中获得利益。相反,萨宾认为,如果

noxale iudicium dandum ait nec factum servi domino obesse debere nisi hactenus, ut ipso careat: quando ipse nihil deliquit.

D. 2, 10, 3pr. *Iulianus libro secundo digestorum*

Ex hoc edicto adversus eum, qui dolo fecit, quo minus quis in iudicium vocatus sistat, in factum actio competit quanti actoris interfuit eum sisti. in quo iudicio deducitur si quid amiserit actor ob eam rem: veluti si reus tempore dominium rei interim sibi adquirat aut actione liberatus fuerit.

D. 2, 10, 3, 1

Plane si is, qui dolo fecerit, quo minus in iudicio sistatur, solvendo non fuerit, aequum erit adversus ipsum reum restitutoriam actionem competere, ne propter dolum alienum reus lucrum faciat et actor damno adficiatur.

D. 2, 10, 3, 2

Si et stipulator dolo Titii et promissor dolo Maevi impeditus fuerit, quo minus in iudicio sistatur: uterque adversus eum, cuius dolo impeditus fuerit, actione in factum experietur.

该奴隶是在没有主人的意思【干预】的情形下实施的行为，应当给予损害之诉，并且，如果不是到了这样一个地步，即如果他不实施某个不法行为就将丧失该奴隶，该奴隶的行为不应当对家父造成损害。

D.2，10，3pr. 尤里安：《学说汇纂》第 2 卷

对于恶意实施某项行为使应该被传唤出庭却没有出庭的人，按照告示的规定适用一个事实诉讼，【向他】请求支付【如果】被告出席审判原告本来应当享有的利益的总额。在该审判中会考虑到原告因此所遭受的某些损失：例如，因为时间的经过，被告在此期间内取得了物的所有权，或者被免予起诉。

D.2，10，3，1

显然，如果恶意实施行为而不出庭的人不具有偿债能力，那么对该被告提起返还之诉将是公平的，为的是不能因为他人的恶意而使被告获得利益，原告遭受损失。

D.2，10，3，2

如果要式口约人因为蒂兹奥的恶意行为被阻碍出庭，允诺人因为麦维奥的恶意行为被阻碍出庭，两者都可以对因其恶意行为而使他们受到阻碍【出庭】的人提起一个事实之诉。

D. 2, 10, 3, 3

Si et stipulator dolo promissoris et promissor dolo stipulatoris impeditus fuerit quo minus ad iudicium veniret: neutri eorum praetor succurrere debebit, ab utraque parte dolo compensando.

D. 2, 10, 3, 4

Si a fideiussore quinquaginta stipulatus fuero, si in iudicium reus non venerit, petiturus a reo centum, et dolo malo Sempronii factum fuerit, ne in iudicium reus veniat: centum a Sempronio consequar. tanti enim mea interfuisse videtur, quia, si venisset in iudicium, actio mihi centum adversus reum vel adversus heredem eius competebat, licet fideiussor minorem summam mihi promiserit.

第十章 由于其行为使某人不能出席审判的人

D. 2, 10, 3, 3

如果要式口约人因为允诺人的恶意行为被阻碍出庭，并且允诺人也因为要式口约人的恶意行为被阻碍出庭，作为他们双方恶意的代价，裁判官不应当对双方中的任何一方进行救济。

D. 2, 10, 3, 4

如果我准备向被告请求100【金币】，保证人在被告没有出庭的情形下向我承诺了50【金币】，并且【被告没有出庭】是因为塞普诺奥恶意实施的使被告不能出庭的行为，我将从塞普诺奥那里取得100【金币】。的确，这就相当于我的利益的总额，因为如果被告出庭受审，尽管保证人已经向我允诺了一个较小的数额，我仍然可以适用该诉向被告或者他的继承人请求100【金币】。

XI
SI QUIS CAUTIONIBUS IN IUDICIO SISTENDI CAUSA FACTIS NON OBTEMPERAVERIT[1]

D. 2, 11, 1 *Gaius libro primo ad edictum provinciale*

Vicena milia passum in singulos dies dinumerari praetor iubet praeter eum diem, quo cautum promittitur, et in quem sistere in iudicium oportet. nam sane talis itineris dinumeratio neutri litigatorum onerosa est.

D. 2, 11, 2pr. *Ulpianus libro septuagensimo quarto ad edictum*

Non exigimus reum iudicio sisti, si negotium, propter quod iudicio sisti promisit, fuerit transactum: sed hoc ita, si prius id negotium transactum sit, quam sisti oporteret. ceterum si postea transactum est, exceptio doli opponi debet: quis enim de poena promissa laborat post negotium transactum? cum etiam transacti negotii exceptionem putaverit quis nocere, quasi etiam de poena transactum sit, nisi contrarium specialiter partibus placuerit.

---

[1]   ○obtemperabit⑥, vd. Mo. – Kr., nt. 12

第十一章
如果订立要式口约保证出庭的人不遵守其保证

D. 2, 11, 1 盖尤斯：《行省告示评注》第 1 卷

裁判官命令要求，除了作出允诺【出庭】的当天，以及他应当出庭的当天以外，【被传唤出庭的人】应当按照每天【他们走】两万步计算。的确，这样一种距离算法对争议双方中的任何一方都不会过于苛刻。

D. 2, 11, 2pr. 乌尔比安：《告示评注》第 74 卷

如果他为之承诺出庭的事情是和解的对象，则不要求被告出庭受审。但是这仅指该事务在他应当出庭之前已经达成和解的情形。此外，如果是在【应当出庭】之后达成和解，应当【由被告方】提出欺诈抗辩：的确，谁会在事情已经达成和解之后，作出承诺使自己承担惩罚呢？【这样更公平】尽管有些人认为可以用和解抗辩对抗【原告】，如对惩罚部分达成了和解一样，除非当事人特别对相反情况表示同意。

D. 2, 11, 2, 1

Si quis municipalis muneris causa sine suo dolo malo impeditus in iudicio secundum suam promissionem non stetit, aequissimum est tribui ei exceptionem.

D. 2, 11, 2, 2

Simili modo et si ad testimonium desideratus ad iudicium occurrere non potuit, erit ei subveniendum.

D. 2, 11, 2, 3

Si quis iudicio se sisti promiserit et valetudine vel tempestate vel vi fluminis prohibitus se sistere non possit, exceptione adiuvatur, nec immerito. cum enim in tali promissione praesentia opus sit, quemadmodum potuit se sistere qui adversa valetudine impeditus est? et ideo etiam lex duodecim tabularum, si iudex vel alteruter ex litigatoribus morbo sontico impediatur, iubet diem iudicii esse diffisum.

D. 2, 11, 2, 4

Si non propter valetudinem mulier non steterit iudicio, sed quod gravida erat, exceptionem ei dandam Labeo ait: si tamen post partum decubuerit, probandum erit quasi valetudine impeditam.

第十一章　如果订立要式口约保证出庭的人不遵守其保证

D. 2, 11, 2, 1

如果某人因为市政职务的原因被阻碍，他自己并不存在恶意，没有按照他作出的允诺出庭受审，给予他抗辩是非常公平的。

D. 2, 11, 2, 2

同样地，如果因为被要求作为证人而没能够出庭，也需要对他【给予抗辩】进行救济。

D. 2, 11, 2, 3

如果某人已经承诺出庭，但是因为健康状况，或者因暴风雨、洪水被阻碍，不能够出庭，可以行使抗辩获得救济，这并非是不应得的。因为，的确根据该允诺他有必要出庭，【但是】用什么办法才能使被健康状况阻碍的人能够出庭呢？因此，《十二表法》也规定了，如果审判员或者某个争讼人因为重病阻碍其出庭的，审判日期推迟。

D. 2, 11, 2, 4

如果一个女人不是因为健康原因，而是因为怀孕没有出庭，拉贝奥认为，她应当被给予抗辩：如果她在分娩以后卧床，如同因健康状况被阻碍出庭一样，她应当举证证明【因怀孕卧床】阻碍了其出庭。

D. 2, 11, 2, 5

Idem est et si quis furere coeperit: nam qui furore impeditur, valetudine impeditur.

D. 2, 11, 2, 6

Quod diximus succurri etiam ei, qui tempestate aut vi fluminis prohibitus non venit, tempestatem sic intellegere debemus, sive maritima sive terrestris sit. tempestatem intellegere debemus talem, quae impedimento sit itineri vel navigationi.

D. 2, 11, 2, 7

Vis fluminis etiam sine tempestate accipienda est: vim fluminis intellegimus, et si magnitudo eius impedimento sit sive pons solutus sit vel navigium non stet.

D. 2, 11, 2, 8

Si quis tamen cum posset non incidere in tempestatem vel in fluminis vim, si ante profectus esset vel tempore opportuno navigasset, ipse se artaverit: numquid exceptio ei minime prosit? quod quidem causa cognita erit statuendum. nam neque sic artandus sit, ut possit ei dici, cur non multo ante profectus est quam dies promissionis veniret: neque iterum permittendum ei, si quid sit quod ei imputetur, causari tempestatem vel vim fluminis. quid enim si quis, cum Romae esset ipso tempore promissionis sistendi, nulla necessitate urguente voluptatis causa in municipium

第十一章　如果订立要式口约保证出庭的人不遵守其保证

D. 2, 11, 2, 5

这也同样适用于某人变成精神病人的情形：的确，因为神经错乱被阻碍出庭的人属于因为健康状况而被阻碍。

D. 2, 11, 2, 6

关于前已述及的应当获得救济的也包括，被暴风雨或者洪水阻碍而没有出庭的人，这应当理解为既包括海上的也包括陆地上【发生】的暴风雨。那么对暴风雨的理解应当既包括对旅行的阻碍，也包括对航行的阻碍。

D. 2, 11, 2, 7

对"洪水"应当理解为也包含没有发生暴风雨的情形。也就是说，构成阻碍的河流涨水，或者桥梁被毁坏，或者船只不能航行都可以被理解为"洪水"。

D. 2, 11, 2, 8

然而，如果某人提早出发或者在适当的时期航行，本来能够不遭遇暴风雨或者洪水，而他却使他自己陷入困境之中，或许他完全不应当享有该抗辩？这事实上应该在案件审理之后确定下来。的确，既不应当对他如此苛刻，质问他为什么没有在承诺的日期之前提早很多天就出发；如果存在某个可归责于他的事情，也不应当允许他提出以暴风雨或者洪水作为借口。如果某人在出庭的承诺中确定的期间内呆在罗马，没有任何紧急需要，出于个人意愿而出发到某城市，应当如何处理呢？适用该抗辩对其进行保护值得吗？或者，如果在

profectus sit? nonne indignus est, cui haec exceptio patrocinetur? aut quid si tempestas quidem in mari fuit, terra autem iste potuit venire: vel flumen circumire? aeque dicendum non semper ei exceptionem prodesse: nisi angustiae non patiebantur terra iter metiri vel circumire. cum tamen vel flumen sic abundasset, ut implesset omnem locum, in quo sisti oportuit, vel aliqua fortuita calamitas eundem locum evertit vel praesentiam venienti periculosam fecit, ex bono et aequo et hic exceptio ei accommodanda est.

D. 2, 11, 2, 9

Simili modo exceptio datur ei, qui cum ad iudicium venire volebat, a magistratu retentus est, et retentus sine dolo malo ipsius: nam si ipse hoc affectavit vel causam praestitit, non ei proderit exceptio: sed ipsius quidem dolus ei oberit, ceterorum non oberit, qui dolo fecerunt ut retineretur. sed si privatus eum detinuerit, nullo modo ei proderit haec exceptio.

D. 2, 11, 3 *Paulus libro sexagensimo nono ad edictum*

sed actio ei datur adversus eum qui detinuit in id quod eius interest.

第十一章 如果订立要式口约保证出庭的人不遵守其保证

海上的确是有暴风雨，但是他本来能够通过陆路到达，或者他本来能够绕过该河流，那应当如何处理呢？同样应当说，他并不始终享有该抗辩，除非时间紧迫不允许他走陆路或者绕开障碍河流。然而，如果是河流泛滥导致他本应当途经的地方全部被淹没，或者是某个意外的灾难摧毁了该地方或者导致对他的到来非常危险，依据善良和公平，也应当给予他抗辩。

D. 2, 11, 2, 9

类似地，当他本来愿意出庭而被执法官阻拦，并且该阻拦不是因为他的恶意，也应当给予他抗辩。事实上，如果他本人希望这样【被阻拦】或者给予了被阻拦的事由，他就不应当享有抗辩，的确，他只会被他自己的恶意损害，而不会被他人阻拦其【出庭】的恶意损害。然而，如果阻拦他【出庭】的是某个私人，无论如何他都不享有该抗辩。

D. 2, 11, 3 保罗：《告示评注》第 69 卷

但是，如果他被给予诉，可以在他的利益范围内，向阻拦他【出庭】的人提起【该诉】。

D. 2, 11, 4pr. *Ulpianus libro septuagensimo quarto ad edictum*

Sed et si quis rei capitalis ante condemnatus iudicio sistere se non potuit, merito huic ignoscitur: rei capitalis condemnatum accipere debemus, qui morte exiliove coercitus est. dixerit aliquis, quo ergo haec exceptio damnato? sed respondebitur fideiussoribus eius esse necessariam: aut si forte in exilium salva civitate abiit, defensori[1] eius exceptio ista proderit.

D. 2, 11, 4, 1

Illud sciendum est eum, qui idcirco non stetit, quia capitis reus factus est, in ea causa esse, ut exceptione uti non possit: damnato enim datur. plane si vinculis vel custodia militari impeditus ideo non stetit, in ea erit causa, ut exceptione utatur.

D. 2, 11, 4, 2

Praeterea si funere quis domestico impeditus non venit, debet ei exceptio dari.

D. 2, 11, 4, 3

Item si quis in servitute hostium fuerit ac per hoc in iudicium non stetit, debet exceptione adiuvari.

---

[1] [ubi], vd. Mo. – Kr. , nt. 9.

第十一章 如果订立要式口约保证出庭的人不遵守其保证

D. 2, 11, 4pr. 乌尔比安:《告示评注》第 74 卷

但是即使某人不能出庭受审是因为之前被判处死刑,也将公平地宽恕他。我们应当将被判处死刑理解为他被惩之以处死或者流放的刑罚。有些人会说,那么给予被判刑的人该抗辩的目的是什么呢?回答是,该抗辩对于他的保证人而言是必要的,又或者他被流放但是保留了市民资格,该抗辩可以由他的辩护人享有。

D. 2, 11, 4, 1

这需要说明的是,因为被控死刑而没有出庭的人不具备能够利用该抗辩的条件,的确,该抗辩是给予被判处刑罚的人的。当然,如果因为被监禁或者被军事看管而被阻碍不能出庭,他将具备能够适用该抗辩的条件。

D. 2, 11, 4, 2

此外,如果某人没有来【出庭】是因为家庭人员的葬礼而阻碍,应当允许给予他抗辩。

D. 2, 11, 4, 3

同样地,如果某人处于被敌人奴役的状态下,因此而没有出庭,应当受到抗辩的救济。

D. 2, 11, 4, 4

Quaesitum est, an possit conveniri, ne ulla exceptio in promissione deserta iudicio sistendi causa facta obiciatur: et ait Atilicinus conventionem istam non valere. sed ego puto conventionem istam ita valere, si specialiter causae exceptionum expressae sint, quibus a promissore sponte renuntiatum est.

D. 2, 11, 4, 5

Item quaeritur, si quis, cum iudicio sistendi causa satisdare non deberet, satisdato promiserit, an fideiussoribus eius exceptio detur. puto interesse, utrum per errorem satisdato promissum est an ex conventione: si per errorem, dandam fideiussoribus exceptionem: si ex conventione, minime dandam. nam et Iulianus scribit, si iudicio sistendi causa pluris quam statutum est per ignorantiam promissum fuerit, exceptionem dari debere: si autem ex conventione tantae summae promissio facta sit, exceptionem pacti conventi replicatione infirmandam Iulianus ait.

D. 2, 11, 5pr. *Paulus libro sexagensimo nono ad edictum*

Si duo rei stipulandi sint et uni debitor iudicio se sisti cum poena promiserit, alter autem impedierit: ita demum exceptio adversus alterum danda est, si socii sint: ne prosit ei dolus propter societatem.

第十一章　如果订立要式口约保证出庭的人不遵守其保证

D. 2, 11, 4, 4

有人提出问题，当事人之间是否能够约定，在没有遵守出庭承诺的情形下不能提出任何抗辩？阿提利齐诺宣称该约定无效。但是我认为，如果特别表明承诺人自愿放弃该抗辩事由，该约定有效。

D. 2, 11, 4, 5

同样地，如果某人尽管不应当就其出庭受审进行担保，但仍然作出了【出庭】承诺并且提供了保证人，这提出的问题是，是否给予他的保证人这里所说的抗辩？我认为，如果他作出【出庭】承诺并提供担保是因为错误，或者基于协议作出，情况是不同的。如果是因为错误，应当给予保证人该抗辩；如果是基于协议，则完全不应当给予他抗辩。的确，尤里安也写道，如果某人承诺了超出关于出庭规定的内容是因为不知，应当给予他抗辩；如果是基于协议作出承诺给付一定数额，尤里安宣称，应当通过简约答辩使【这里所说的】抗辩不发生效力。

D. 2, 11, 5pr. 保罗：《告示评注》第69卷

如果要式口约的债权人为两人，债务人仅仅向其中一个人作出附惩罚条件的出庭承诺，之后他被另一个【债权人】阻拦【不能出庭】，只有当【两个债权人】是合伙人时才能给予他抗辩对抗前一个债权人，为的是不让【第二个债权人】因为合伙关系而从他的恶意中获益。

D. 2, 11, 5, 1

Item si duo rei promittendi sint et unus ad iudicium non venerit contempta sua promissione iudicio sistendi causa facta, actor autem ab altero rem petat, ab altero poenam desertionis: petendo poenam exceptione summovebitur.

D. 2, 11, 5, 2

Aeque si a patre facta fuerit promissio iudicio sistendi gratia ex filii contractu, deinde de re actor egerit cum filio, exceptione summovebitur, si cum patre ex eius promissione agat. et contra idem erit, si filius promiserit et actor egerit cum patre de peculio.

D. 2, 11, 6 *Gaius libro primo ad legem duodecim tabularum*

Si is qui fideiussorem dedit ideo non steterit, quod rei publicae causa afuit: iniquum est fideiussorem ob alium necessitate sistendi obligatum esse, cum ipsi liberum esset non sistere.

D. 2, 11, 7 *Paulus libro sexagensimo nono ad edictum*

Si quis servum in iudicio sisti promiserit vel alium qui in aliena potestate est, isdem exceptionibus utitur, quibus si pro libero vel patre familias fideiussit, praeterquam si rei publicae causa abesse diceretur servus: nam servus rei publicae causa abesse non potest. praeter hanc autem exceptionem ceterae, quia communes sunt, tam in libero homine quam in servo locum habent.

第十一章 如果订立要式口约保证出庭的人不遵守其保证

D. 2, 11, 5, 1

同样地,如果要式口约的债务人为两人,其中一人没有按照其出庭承诺出庭受审,之后原告向其中一人请求给付,向另外一人主张因没有出庭的罚金,请求罚金的诉讼将通过抗辩权的行使而被拒绝。

D. 2, 11, 5, 2

同样地,如果父亲作出了儿子就某个合同相关的审判出庭的承诺,接着原告向儿子提起诉讼请求给付,如果之后基于其作出的出庭承诺起诉父亲,将被该抗辩拒绝。如果是相反,儿子作出【出庭受审的】承诺,但是原告在特有产范围内对父亲已经提起诉讼,也是适用同样的规则。

D. 2, 11, 6 盖尤斯:《十二表【法】评注》第 1 卷

如果提供了保证人的某人基于公共利益的原因没有出庭,当本人从出庭义务中解脱出来,让保证人因为另外一个人承担该人的出庭义务是不公平的。

D. 2, 11, 7 保罗:《告示评注》第 69 卷

如果某人承诺一个奴隶或者处于其支配下的另一个人出庭,他可以利用同一抗辩,如同他为某个自由人或者家父提供保证一样,除了奴隶是基于公共利益的原因而缺席审判的抗辩以外。事实上,奴隶不能够基于公共理由的原因而缺席。但是,除该抗辩以外,其他所有的抗辩都是共同的,【因而】既可以适用于自由人,也可以适用于奴隶。

D. 2, 11, 8 *Gaius libro vicensimo nono ad edictum provinciale*

Et si post tres aut quinque pluresve dies, quam iudicio sisti se reus promisit, secum agendi potestatem fecerit nec actoris ius ex mora deterius factum sit, consequens est dici defendi eum debere per exceptionem.

D. 2, 11, 9pr. *Ulpianus libro septuagensimo septimo ad edictum*

Si servus iudicio se sisti promittat, non committitur stipulatio neque in eum neque in fideiussores eius.

D. 2, 11, 9, 1

Si plurium servorum nomine iudicio sistendi causa una stipulatione promittatur, poenam quidem integram committi, licet unus status non sit, Labeo ait, quia verum sit omnes statos non esse: verum si pro rata unius offeratur poena, exceptione doli usurum eum, qui ex hac stipulatione convenitur.

D. 2, 11, 10pr. *Paulus libro primo ad Plautium*

Si eum iudicio sisti promisero, qui iam tempore liberatus esse dicebatur, quia iam actione forte non tenebatur: actio in me danda est, ut vel exhibeam eum vel defendam, ut veritas inquiratur.

第十一章 如果订立要式口约保证出庭的人不遵守其保证

D. 2, 11, 8 盖尤斯：《行省告示评注》第 29 卷

如果在出庭承诺确定的日期之后的三天或者五天，或者更多天，被告【出庭】就使得实施对他的诉讼成为可能，并且原告的权利没有因为【被告的】迟延而恶化，【那么】说他应当受到抗辩的保护是符合逻辑的。

D. 2, 11, 9pr. 乌尔比安：《告示评注》第 77 卷

如果某个奴隶承诺出庭，该【承诺出庭的】要式口约无论是对他还是他的保证人都不生效。

D. 2, 11, 9, 1

如果仅以一个要式口约承诺多个奴隶出庭，拉贝奥说道，即使只有一个【奴隶】没有出庭，也要承担全部的罚金，因为的确不是全部人都出庭了。然而，如果罚金是按照每个人所占的比例提供的，基于该要式口约被起诉【要求支付全部罚金】的人可以适用欺诈抗辩。

D. 2, 11, 10pr. 保罗：《普劳提评注》第 69 卷

如果我承诺出庭的某个人随着时间的经过，有人说他获得了解放，因而不应当再成为该诉的被告，【那么】应当对我提起诉讼，因为是我让他出庭或者为他辩护，以使真相可以被查明。

D. 2, 11, 10, 1

Homo sisti promissus ante diem dolo promissoris periit: certo iure utimur non ante poenam peti posse, quam dies venerit: tota enim stipulatio in diem collata videtur.

D. 2, 11, 10, 2

Qui iniuriarum acturus est, stipulatus erat ante litem contestatam ut adversarius suus iudicio sistat: commissa stipulatione mortuus est. non competere heredi eius ex stipulatu actionem placuit, quia tales stipulationes propter rem ipsam darentur, iniuriarum autem actio heredi non competit. quamvis enim haec stipulatio iudicio sistendi causa facta ad heredem transeat, tamen in hac causa danda non est: nam et defunctus si vellet omissa iniuriarum actione ex stipulatu agere, non permitteretur ei. idem dicendum esse et si is, cum quo iniuriarum agere volebam, stipulatione tali commissa decesserit: nam non competit mihi adversus heredem eius ex stipulatu actio, et hoc Iulianus scribit. secundum quod et si fideiussores dati erant, minime dabitur in eos actio mortuo reo. idem Pomponius, si non post longum tempus decesserit: quia si ad iudicium venisset, litem cum eo contestari actor potuisset.

第十一章　如果订立要式口约保证出庭的人不遵守其保证

D. 2, 11, 10, 1

被承诺出庭的奴隶在【出庭】期限到来之前因为承诺人的恶意而死亡。对此我们可以利用的规则是确定的：在【出庭】期限到来之前不得请求罚金。的确，整个要式口约视为推迟到确定的日期。

D. 2, 11, 10, 2

某人在提起侵辱之诉的过程中，在审判开始之前，他的相对方当事人被要求通过要式口约承诺出庭受审，之后当要式口约生效时，他死了。适当的【处理规则】是，他的继承人不能提起源自该要式口约的诉讼，因为这一要式口约是根据主要的【法律】关系而作出的，并且侵辱之诉不能够由其继承人提起。尽管作出的这一关于出庭的要式口约转移给了继承人，但是在本争讼案件中诉权不应当允许给予他，因为即使死者本人放弃侵辱之诉，希望基于要式口约起诉，也将不被允许。即使在要式口约生效之后，我本来想要对之提起侵辱之诉的人死亡，也应当作同样的【处理】。尤里安这样写道，的确，我不能对他的继承人提起源自要式口约的诉讼。依据这一规则，即使提供了保证人，一旦被告死亡，完全不能对他们提起诉讼。彭波尼说如果没有在很长时间以后死亡也适用同样的【规则】，因为【在这种情形下，可以说】如果他出庭，原告本可以从他这一方面开始审理程序。

D. 2, 11, 11 *Ulpianus libro quadragensimo septimo ad Sabinum*

Si quis quendam in iudicio sisti promiserit promisit, in eadem causa eum debet sistere. in eadem autem causa sistere hoc est ita sistere, ut actori persecutio loco deteriori non sit, quamvis exactio rei possit esse difficilior. licet enim difficilior exactio sit, tamen dicendum est videri in eadem causa eum stetisse: nam et si novum aes alienum contraxisset vel pecuniam perdidisset, videtur tamen in eadem causa stetisse: ergo et qui alii iudicatus sistitur, in eadem causa stare videtur.

D. 2, 11, 12pr. *Paulus libro undecimo ad Sabinum*

Qui autem novo privilegio utitur, non videtur in eadem causa sisti.

D. 2, 11, 12, 1

Illud tenendum est, quod aestimationem eius quod intersit agentis ad illud tempus referendum est, quo sisti debuit, non ad id, quo agitur, quamvis desierit eius interesse.

D. 2, 11, 13 *Iulianus libro quinquagensimo quinto digestorum*

Quotiens servus iudicio sistendi causa ut ipse litigaturus vel ab alio stipulatur vel ipse promittit: nec committitur stipulatio nec fideiussores tenentur, quia servus conveniri vel convenire non potest.

第十一章　如果订立要式口约保证出庭的人不遵守其保证

D.2,11,11 乌尔比安：《萨宾评注》第 47 卷

如果某人承诺了一个人将出庭，他应当以相同的情形出庭。"以相同的情形出庭"是指即使使得他更难获得【被告所被判罚的给付】，但是不能使原告处于更不利的情形来实施该诉讼。即使事实上获取【被判罚的给付】变得更困难，但是也必须说，应当认为他是以相同的情形出庭受审。的确，即使他缔结了新的债务或者丧失了金钱，然而也应当视为是以相同的情形出庭。因此，即使他遭受了有利于他人的宣判，也应当认为是以相同的情形出庭。

D.2,11,12pr. 保罗：《萨宾评注》第 11 卷

之后使用了一项新的特权的人不构成以相同的情形出庭。

D.2,11,12,1

应当坚持的是，【关于出庭承诺】应当以原告在【被承诺出庭的人】本来应当出庭时，而不是【因为他没有出庭而】提起诉讼时存在的利益为标准估算，即使【原告】在其出庭当时不再存在利益。

D.2,11,13 尤里安：《学说汇纂》第 55 卷

某个奴隶或者被他人作出出庭承诺或者本人承诺出庭的，就如同他自己提起一个争讼案件，不仅该【作出承诺的】要式口约不生效，而且保证人也不承担责任，因为奴隶不能作为被告或者原告。

D. 2, 11, 14 *Neratius libro secundo membranarum*

Si procurator ita stipulatus est, ut sistat dumtaxat eum quem stipularetur, non etiam poenam si status non esset stipularetur: propemodum nullius momenti est ea stipulatio, quia procuratoris, quod ad ipsius utilitatem pertinet, nihil interest sisti. sed cum alienum negotium in stipulando egerit, potest defendi non procuratoris, sed eius cuius negotium gesserit utilitatem in ea re spectandam esse: ut quantum domini litis interfuit sisti, tantum ex ea stipulatione non stato reo procuratori debeatur. eadem et fortius adhuc dici possunt, si procurator ita stipulatus esset ' quanti ea res erit' : ut hanc conceptionem verborum non ad ipsius, sed ad domini utilitatem relatam interpretemur.

D. 2, 11, 15 *Papinianus libro secundo quaestionum*

Si tutor iudicio sisti promiserit et stipulationi non obtemperaverit, et interea pupillus adoleverit aut mortem obierit aut etiam abstentus sit hereditate: denegabitur ex stipulatu actio. nam et ipsius rei, quae petebatur, si tutor iudicatus fuerit et eorum quid acciderit, non esse dandam in eum actionem iudicati probatum est.

D.2, 11, 14 内拉蒂:《羊皮纸文稿》第 2 卷

如果代理人要求作出的承诺只是他以要式口约承诺的人出庭，而没有承诺对缺席的罚金，这种要式口约几乎是没有效力的，因为就代理人的利益而言，出庭【与否】对于他一点也不重要。然而，可以赞同的是，因为他通过作出要式口约处理了一项他人的事务，对此应当考虑的不是代理人的利益，而是其处理的事务所归属的人的利益。那么，在被告没有出庭的情形下，基于该要式口约的规定，应当归于代理人的相当于对争讼案件当事人出庭的利益。尤其可以说适用同样规则的是，如果代理人作出的要式口约这样规定："相当于争讼案件【标的】的价值"，以使我们对该程式的解释不是参照他自己的利益，而是【该争讼案件的】权利人的利益。

D.2, 11, 15 帕比尼安:《问题集》第 2 卷

如果监护人承诺了出庭受审，而没有遵守该【作出承诺的】要式口约，与此同时，被监护人已成年或者死亡，或者放弃了继承，基于该要式口约提起的诉讼将被拒绝。的确，如果监护人基于对他的同一请求被判罚，发生了目前提及的情形之一，不应当给予对他提起的已决案之诉。

XII
DE FERIIS ET DILATIONIBUS ET DIVERSIS TEMPORIBUS

D. 2, 12, 1 pr. *Ulpianus libro quarto de omnibus tribunalibus*

Ne quis messium vindemiarumque tempore adversarium cogat ad iudicium venire, oratione divi Marci exprimitur, quia occupati circa rem rusticam in forum conpellendi non sunt.

D. 2, 12, 1, 1

Sed si praetor aut per ignorantiam vel socordiam evocare eos perseveraverit hique sponte venerint: si quidem sententiam dixerit praesentibus illis et sponte litigantibus, sententia valebit, tametsi non recte fecerit qui eos evocaverit: sin vero, cum abesse perseveraverint, sententiam protulerit etiam absentibus illis, consequens erit dicere sententiam nullius esse momenti (neque enim praetoris factum iuri derogare oportet) : et citra appellationem igitur sententia infirmabitur.

第十二章
关于节假日、延期审理和
【暂停审判活动的】各种期间

D. 2, 12, 1pr. 乌尔比安:《论各种法院》第 4 卷

马可【·奥勒留皇帝在元老院】发布的一封诏书中说道:在收割和酿酒时节,任何人不得强制对手出庭,因为正在从事农田作业的人不应被强迫出庭。

D. 2, 12, 1, 1

然而,如果裁判官或者是因为不知,或者是因为疏忽大意坚持传唤其出庭,并且他们也自愿出庭,如果在他们出庭的情形下宣布了判决,并且他们是自愿参与庭审过程,该判决则具有法律效力,即便传唤他们的人的行为不正确;但是如果是相反,他们缺席审判,并且在他们缺席的情形下宣布了判决,那么应当说该判决不生效,因为必须是裁判官的行为不违反法律。因此,无论是否上诉,该判决都应当被认定为无效。

D. 2, 12, 1, 2

Sed excipiuntur certae causae, ex quibus cogi poterimus et per id temporis, cum messes vindemiaeque sunt, ad praetorem venire: scilicet si res tempore peritura sit, hoc est si dilatio actionem sit peremptura. sane quotiens res urguet, cogendi quidem sumus ad praetorem venire, verum ad hoc tantum cogi aequum est ut lis contestetur, et ita ipsis verbis orationis exprimitur: denique alterutro recusante post litem contestatam litigare dilationem oratio concessit.

D. 2, 12, 2 *Idem libro quinto ad edictum*

Eadem oratione divus Marcus in senatu recitata effecit de aliis speciebus praetorem adiri etiam diebus feriaticis: ut puta ut tutores aut curatores dentur: ut offici admoneantur cessantes: excusationes allegentur: alimenta constituantur: aetates probentur: ventris nomine in possessionem mittatur, vel rei servandae causa, vel legatorum fideive commissorum, vel damni infecti: item de testamentis exhibendis: ut curator detur bonorum eius, cui an heres exstaturus sit incertum est: aut de alendis liberis parentibus patronis: aut de adeunda suspecta hereditate: aut ut aspectu atrox iniuria aestimetur: vel fideicommissaria libertas praestanda.

D.2, 12, 1, 2

但是有些情形则为例外。出现这些情形时,在收割和酿酒的季节我们也可以被强制来到裁判官的面前。比如如果争议因时间的流逝将要消灭,也就是说,延期审理将导致诉讼消灭。当然,只要情势紧迫,我们就可以被强制来到裁判官面前,但实际上公平的是只在开始审理时才被强迫【出现在裁判官面前】。诏书的内容也确认了这一点。最后,在审判开始后,当其中一方当事人拒绝参与诉讼程序时,诏书允许其延迟审理。

D.2, 12, 2 乌尔比安:《告示评注》第5卷

马可【·奥勒留皇帝】在元老院宣读的同一封诏书中还规定了可以在节假日向裁判官提起诉讼的其他特别情形:比如,为任命监护人或者保佐人;对逃避履行义务的监护人和保佐人进行训诫;提供【存在】正当事由的证明;确定抚养;查明年龄;或者以尚未出生的孩子的名义,或者为保存财产,或者基于遗赠或委托遗赠,或者为了对抗潜在损害而授权占有;同样地,为了出示遗嘱;为不确定是否有继承人的人的财产指定财产照管人;为了抚养子女、父母或庇主;为了承受【其上疑有债务负担】的遗产;为了对似乎严重的侵辱行为的【损害赔偿】进行估价,或者为了执行解放信托。

XII DE FERIIS ET DILATIONIBUS ET DIVERSIS TEMPORIBUS

D. 2, 12, 3pr. *Idem libro secundo ad edictum*

Solet etiam messis vindemiarumque tempore ius dici de rebus quae tempore vel morte periturae sunt. morte: veluti furti: damni iniuriae: iniuriarum atrocium: qui de incendio ruina naufragio rate nave expugnata rapuisse dicuntur: et si quae similes sunt. item si res tempore periturae sunt aut actionis dies exiturus est.

D. 2, 12, 3, 1

Liberalia quoque iudicia omni tempore finiuntur.

D. 2, 12, 3, 2

Item in eum, qui quid nundinarum nomine adversus communem utilitatem acceperit, omni tempore ius dicitur.

D. 2, 12, 4 *Paulus libro primo ad edictum*

Praesides provinciarum ex consuetudine cuiusque loci solent messis vindemiarumque causa tempus statuere.

D. 2, 12, 5 *Ulpianus libro sexagensimo secundo ad edictum*

Pridie kalendas Ianuarias magistratus neque ius dicere, sed nec sui potestatem facere consuerunt.

D. 2, 12, 3pr. 乌尔比安:《告示评注》第 2 卷

当争议案件有可能因为时间经过或者【不法行为人】死亡而消灭时,即使是收割或者是酿酒的季节,也常常开展管辖活动。关于【不法行为人】死亡,例如在盗窃之诉、非法损害之诉、严重的侵辱之诉,或者对在火灾、房屋倒塌、船难或袭击船舶等情形下偷盗物品的人提起的诉讼以及类似的案件中【发生】。相同的规则也适用于争讼因为时间的经过或者诉讼时效期间届满而会灭失的情形。

D. 2, 12, 3, 1

关于自由的争讼案件的审判活动可以在任何时候开展。

D. 2, 12, 3, 2

同样地,对在市场活动领域中违反公共福利接受某物的人提起的诉讼,对该案件的审判可以在任何时候开展。

D. 2, 12, 4 保罗:《告示评注》第 1 卷

行省总督通常按照每个地方的习惯,为收割和酿酒确定一个期间。

D. 2, 12, 5 乌尔比安:《告示评注》第 62 卷

在正月初一的前一天,【即十二月的最后一天,】执法官一般不进行审判活动或履行职责。

D. 2, 12, 6 *Idem libro septuagensimo septimo ad edictum*

Si feriatis diebus fuerit iudicatum, lege cautum est, ne his diebus iudicium sit nisi ex voluntate partium, et quod aliter adversus ea iudicatum erit ne quis iudicatum facere neve solvere debeat, neve quis ad quem de ea re in ius aditum erit iudicatum facere cogat.

D. 2, 12, 7 *Idem libro primo de officio consulis*

Oratione quidem divi Marci amplius quam semel non esse dandam instrumentorum dilationem expressum est: sed utilitatis litigantium gratia causa cognita et iterum dilatio tam ex eadem quam ex alia provincia secundum moderamen locorum impertiri solet, et maxime si aliquid inopinatum emergat. illud videndum, si defunctus acceperit aliquam dilationem propter instrumenta, an successori quoque eius dari debeat, an vero, quia iam data est, amplius dari non possit? et magis est, ut et hic causa cognita dari debeat.

D. 2, 12, 8 *Paulus libro tertio decimo ad Sabinum*

More Romano dies a media nocte incipit et sequentis noctis media parte finitur. itaque quidquid in his viginti quattuor horis, id est duabus dimidiatis noctibus et luce media, actum est, perinde est, quasi quavis hora lucis actum esset.

第十二章 关于节假日、延期审理和【暂停审判活动的】各种期间

D. 2, 12, 6 乌尔比安：《告示评注》第 77 卷

当裁判是在节假日中被作出，【应当考虑到的是，】除非双方当事人同意，根据法律规定在这些日子内不产生裁判。如果违反该规则在相反情形下作出裁判，没人有义务执行或者履行该判决，并且到他面前被请求审理该争讼案件的人不得强制执行该判决。

D. 2, 12, 7 乌尔比安：《论执政官的义务》第 1 卷

神圣【皇帝】马可【·奥勒留】在【向元老院发布】的诏书中确认，因为制作文件导致的延迟不应当被允许超过一次；但为了诉讼当事人的利益，在案件审理之后，合理考虑各个地方【具体情形】，特别是当出现意外事件时，【在存在正当的原因时，】可以因为在同省或者另外一个省【制作文件】而允许第二次延迟。必须要确认的是，当已经死亡的人因为文件制作已经获得了一次延迟，那么这个权利是否也赋予其继承人？或者从它被授予之时起，就不能再被授予第二次？较好的观点认为，案件审理之后，在这种情形下也应当允许【延迟】。

D. 2, 12, 8 保罗：《萨宾评注》第 13 卷

按照罗马的习惯，新的一天从午夜十二点开始，在接下来一天的午夜十二点结束。因此，在这二十四小时中，即在这两个夜里和中间的一个白天里，无论做了什么事都视为是在这一天的白天的时间里做的。

XII DE FERIIS ET DILATIONIBUS ET DIVERSIS TEMPORIBUS

D. 2, 12, 9 *Ulpianus libro septimo de officio proconsulis*

Divus Traianus Minicio Natali rescripsit ferias a forensibus tantum negotiis dare vacationem, ea autem, quae ad disciplinam militarem pertinet, etiam feriatis diebus peragenda: inter quae custodiarum quoque cognitionem esse.

D. 2, 12, 10 *Paulus libro quinto sententiarum*

In pecuniariis causis omnibus dilatio singulis causis plus semel tribui non potest: in capitalibus autem reo tres dilationes, accusatori duae dari possunt: sed utrumque causa cognita.

第十二章 关于节假日、延期审理和【暂停审判活动的】各种期间

D.2,12,9 乌尔比安：《论行省执政官的义务》第7卷

神圣图拉真【皇帝】在写给米尼丘的批复中规定，节假日只是不用处理法庭审理事务，但是与军事纪律有关的案件在节假日也应当处理，这其中也包括对被监禁的人【相关案件】进行审理。

D.2,12,10 保罗：《论点集》第5卷

在金钱判罚的所有争讼案件中，每个案件中延期不得超过一次；而在死刑案件中，可以允许被告延期三次，允许原告延期两次；但这两种情形都需要在案件审理之后【才能够允许延期】。

XIII
DE EDENDO

D. 2, 13, 1pr. *Ulpianus libro quarto ad edictum*

Qua quisque actione agere volet, eam edere debet: nam aequissimum videtur eum qui acturus est edere actionem, ut proinde sciat reus, utrum cedere an contendere ultra debeat, et, si contendendum putat, veniat instructus ad agendum cognita actione qua conveniatur.

D. 2, 13, 1, 1

Edere est etiam copiam describendi facere: vel in libello complecti et dare: vel dictare. eum quoque edere Labeo ait, qui producat adversarium suum ad album et demonstret quod dictaturus est vel id dicendo, quo uti velit.

D. 2, 13, 1, 2

Editiones sine die et consule fieri debent, ne quid excogitetur edito die et consule et praelato die fiat. diem autem et consulem excepit praetor quo instrumentum conscriptum est, non in

第十三章
关于诉讼宣告和账目的出示

D.2，13，1pr. 乌尔比安：《告示评注》第 4 卷

每个人都应当宣告他想提起的是何种诉讼，因为这看来是极公平的；打算提起诉讼的人宣告诉讼请求，以便让被告知道他是应当退让还是应当坚持争讼；如果被告认为应当坚持争讼，则应当使他知晓其被控告的诉讼请求，以使其能够做好辩护准备。

D.2，13，1，1

"宣告"的意思是准备描述文书，或者起草一个书面文件并交付，或者按照口述草拟书面文件。拉贝奥宣称，将他的对手带到布告栏前面并向其说明他想要提出的【他的诉讼请求】，或者告知他想要使用的，也是宣告诉讼请求。

D.2，13，1，2

这类【文件的】宣告不应当标明日期和【命名的】执政官，以避免当日期被宣告后，人们设想某些计谋，或者显示为该日期之前。但是，裁判官排除的是与诉讼请求宣告相关

quem solutio concepta est: nam dies solutionis sicuti summa pars est stipulationis. rationes tamen cum die et consule edi debent, quoniam accepta et data non alias possunt apparere, nisi dies et consul fuerit editus.

D. 2, 13, 1, 3

Edenda sunt omnia, quae quis apud iudicem editurus est: non tamen ut et instrumenta, quibus quis usurus non est, compellatur edere.

D. 2, 13, 1, 4

Edere non videtur qui stipulationem totam non edidit.

D. 2, 13, 1, 5

Eis, qui ob aetatem vel rusticitatem vel ob sexum lapsi non ediderunt vel alia ex iusta causa, subvenietur.

D. 2, 13, 2 *Paulus libro tertio ad edictum*

Si legatum petatur, non iubet praetor verba testamenti edere: ideo fortasse, quia heredes solent habere exemplum testamenti.

D. 2, 13, 3 *Mauricianus libro secundo de poenis*

Senatus censuit, ne quisquam eorum, a quibus quid fisco petetur, alia instrumenta delatori cogatur edere, quam quae ad eam causam pertinerent, ex qua se deferre professus est.

的该账簿文件被制定时的日期，而不是【该文件】规定的履行日期。因为履行的期限是要式口约内容的一部分，这就如同金额【是要式口约内容的一部分】一样。但是，出示的账目必须注明日期和【命名的】执政官，因为如果不标明日期和【命名的】执政官，就不能显示出给予和收受的数额是多少。

D. 2, 13, 1, 3

必须宣告打算在审判员面前出示的一切材料，但是，不应当强迫某人宣告他不打算使用的材料。

D. 2, 13, 1, 4

没有出示要式口约整个文本的不构成出示。

D. 2, 13, 1, 5

由于年龄、粗野、性别或其他任何正当的理由而陷入错误，没有作出宣告的，都可以获得救济。

D. 2, 13, 2 保罗：《告示评注》第 3 卷

如果某人请求一笔遗赠财产，裁判官没有命令出示遗嘱的文字，可能是因为继承人通常都拥有遗嘱的复本。

D. 2, 13, 3 毛里奇安鲁斯：《论刑罚》第 2 卷

元老院决议规定，因税务问题被起诉的任何人都不应当被强制向控告方出示与案件无关的、控告方作出请求以外的文件。

D. 2, 13, 4pr. *Ulpianus libro quarto ad edictum*

Praetor ait: 'Argentariae mensae exercitores rationem, quae ad se pertinet, cuique[1] edent adiecto die et consule'.

D. 2, 13, 4, 1

Huius edicti ratio aequissima est: nam cum singulorum rationes argentarii conficiant, aequum fuit id quod mei causa confecit meum quodammodo instrumentum mihi edi.

D. 2, 13, 4, 2

Sed et filius familias continetur his verbis, ut vel ipse cogatur edere: an et pater, quaeritur. Labeo scribit patrem non cogendum, nisi sciente eo argentaria exercetur: sed recte Sabinus respondit tunc id admittendum, cum patri quaestum refert.

D. 2, 13, 4, 3

Sed si servus argentariam faciat (potest enim), si quidem voluntate domini fecerit, compellendum dominum edere ac perinde in eum dandum est iudicium, ac si ipse fecisset. sed si inscio domino fecit, satis esse dominum iurare eas se rationes non habere: si servus peculiarem faciat argentariam, dominus de peculio vel de in rem verso tenetur: sed si dominus habet rationes nec edit, in solidum tenetur.

---

[1] <cuique>, vd. Mo. – Kr., nt. 10.

第十三章 关于诉讼宣告和账目的出示

D. 2, 13, 4pr. 乌尔比安：《告示评注》第 4 卷

裁判官说："钱庄老板应当向每个人出示他到某一年某一天的账目。"

D. 2, 13, 4, 1

该告示规定的理由是非常公平的。因为钱庄老板持有个人的账目，就应当以某种方式向我展示钱庄【老板】为我编制的账簿文件，这是公平的。

D. 2, 13, 4, 2

而处于支配之下的家子也被包含在"钱庄老板"这些词语中，因此，他本人应当出示【账目】。产生的问题是，【这种情形下】是否家父也【负有出示账目的义务】？拉贝奥写道，家父不应当被强制【出示账目】，除非他是知晓家子从事钱庄事业的。但是萨宾正确地回答道，如果家子将其盈利转移给家父，那么应当允许【强制家父出示账目】。

D. 2, 13, 4, 3

然而，如果钱庄是奴隶运营的（【奴隶】的确能够运营），如果奴隶依据主人的意志去做，应当强制主人出示【账目】，并应当对主人提起如同他本人管理钱庄同样的诉讼。但是如果奴隶是在主人不知道的情况下开设了钱庄，那么，主人只要发誓没见过这笔账目就可以了。如果奴隶以特有产经营钱庄，那么，可以对主人提起特有产之诉或转化物之诉。但是如果主人拥有账目却没有出示，那么，主人承担连带责任。

D. 2, 13, 4, 4

Etiam is qui desiit argentariam facere, ad editionem compellitur.

D. 2, 13, 4, 5

Sed ibi quis compellitur edere, ubi argentariam exercuit, et hoc est constitutum. quod si instrumentum argentariae in alia provincia habeat, in alia administraverit, ibi puto cogendum edere, ubi argentariam exercuit: hoc enim primum deliquit, quod alio instrumentum transtulit. quod si in alio loco argentariam exercet, alibi autem ad editionem compelletur, minime hoc facere cogitur: nisi descriptum velis ubi de ea re agitur eum tibi dare, tuis videlicet sumptibus:

D. 2, 13, 5 *Paulus libro tertio ad edictum*

spatiumque ad perferendas eas tribuendum est.

D. 2, 13, 6pr. *Ulpianus libro quarto ad edictum*

Si quis ex argentariis, ut plerique eorum, in villa habeat instrumentum vel in horreo: aut ad locum te perducet aut descriptas rationes dabit.

D. 2, 13, 6, 1

Cogentur et successores argentarii edere rationes. quod si plures sunt heredes et unus habeat, solus ad editionem compelletur:

第十三章 关于诉讼宣告和账目的出示

D. 2, 13, 4, 4

即使那些中止开展钱庄业务的人也负有出示【账目】的义务。

D. 2, 13, 4, 5

一个人可以在他实施钱庄业务的地方被强制出示【账目】。如果钱庄的账簿文件在某省,而实施钱庄业务在另外一个省,我认为,他应当在实施钱庄业务的地方被强制出示【账目】,因为把账簿文件转移到别处首先就犯了一个错误。如果在某一地实施钱庄业务,但是在另外一地被要求出示【账目】,完全不应当被强制出示【账目】,除非你希望在因该纠纷而起诉的地方给你【该账目的】誊抄本,当然,费用由你承担。

D. 2, 13, 5 保罗:《告示评注》第3卷

而且对于账簿文件的提交应当给予一个期间。

D. 2, 13, 6pr. 乌尔比安:《告示评注》第4卷

当某个钱庄老板,就像他们中的大多数人一样,在某个乡村别墅或者某个仓库存放账簿文件,他应当要么将你带到那个地方,要么交给你这些账目的誊抄本。

D. 2, 13, 6, 1

钱庄老板的继承人也有义务出示账目。当有几个继承人,而只有一个人占有账目时,只有这个人要被强制出示【账

sed si omnes habeant et unus ediderit, omnes ad editionem compellendi sunt. quid enim si humilis et deploratus unus edidit, ut dubitare quis merito de fide editionis possit? ut igitur comparari rationes possint, etiam ceteri edere debent aut certe unius editioni subscribere. hoc idem erit et si plures fuerint argentarii, a quibus editio desideratur. nam et si plures tutores tutelam administraverunt simul, aut omnes edere debent aut unius editioni subscribere.

D. 2, 13, 6, 2

Exigitur autem ab adversario argentarii iusiurandum non calumniae causa postulare edi sibi: ne forte vel supervacuas rationes vel quas habet edi sibi postulet vexandi argentarii causa.

D. 2, 13, 6, 3

Rationem autem esse Labeo ait ultro citro dandi accipiendi, credendi debendi[1], obligandi solvendi sui causa negotiationem: nec ullam rationem nuda dumtaxat solutione debiti incipere. nec si pignus acceperit aut mandatum, compellendum edere: hoc enim extra rationem esse. sed et quod solvi constituit, argentarius edere debet: nam et hoc ex argentaria venit.

D. 2, 13, 6, 4

Ex hoc edicto in id quod interfuit actio competit.

---

[1] < debendi >, vd. Mo. – Kr., nt. 17.

目】；但是当所有人都占有【账目】，而只有一个人出示时，所有人都要被强制出示【账目】。如果作出出示行为的是地位卑微的穷人，对此，某人有理由对【账目的】出示是否可信赖提出质疑吗？因此，为了能够对这些账目进行对照比较，其他人也应当出示【账目】，或者至少在某一个人出示【的账目】上签名。这同样适用于被要求出示【账目】的钱庄老板为多人的情形。的确，即使有多个监护人同时实施监护行为，他们都应当要么出示【账目】，要么在某一个人出示【的账目】上签名。

D. 2, 13, 6, 2

另一方面，钱庄老板的对方应当宣誓不以诽谤为目的要求其出示【账目】，因此，他不得以欺压钱庄老板的目的要求其向他出示无关紧要的，或者他已经拥有的账目。

D. 2, 13, 6, 3

拉贝奥说道，账目就是关于给付与收入、享有债权与为了自己【顾客的】利益而承担债务和支付的一系列相互行为。并且任何账目都不能以单纯的债务偿还开始。当钱庄老板接受一项抵押或委托时，他不应当被强制出示【账目】，因为这已经超出账目的范围。但是，钱庄老板应当出示他担保履行的债务【的账目】，因为该担保是由钱庄企业提供的。

D. 2, 13, 6, 4

基于该告示的规定，可以在【原告的】利益额度范围内提起一个诉讼。

D. 2, 13, 6, 5

Unde apparet ita demum tenere hoc edictum, si ad eum pertineat. pertinere autem videtur ad me ratio, si modo eam tractaveris me mandante. sed si procurator meus absente me mandaverit, an mihi edenda sit, quasi ad me pertineat? et magis est ut edatur. procuratori quoque meo edendam rationem, quam mecum habet, non dubito, quasi ad eum pertineat: et cauturum de rato, si mandatum ei non sit.

D. 2, 13, 6, 6

Si initium tabularum habet diem, in quibus Titii ratio scripta est, postmodum mea sine die et consule, etiam mihi edendus est dies et consul: communis enim omnis rationis est praepositio diei et consulis.

D. 2, 13, 6, 7

Edi autem est vel dictare vel tradere libellum vel codicem proferre.

D. 2, 13, 6, 8

Praetor ait: ' Argentario eive, qui iterum edi postulabit, causa cognita edi iubebo'.

D. 2, 13, 6, 9

Prohibet argentario edi illa ratione, quod etiam ipse instructus

D. 2, 13, 6, 5

因此表明，告示规定仅仅是为账目所有人【的利益】而约束【钱庄老板】；如果你只是基于我的委托而管理账目，则该账目属于我。但是，如果我的代理人在我不在场的情形下委托【他人管理账目】，那么应当如同该账目属于我的情形一样，让他向我出示【账目】吗？可资赞同的是，他应当向我出示【账目】。毫无疑问，对我的代理人也可以出示他和我共有的账目，如同该账目属于他的情形一样。如果他没有被委托授权，他应当作出关于担保的要式口约，保证【我将会】批准。

D. 2, 13, 6, 6

如果在记载了蒂兹奥的账目的财务账簿的开头注明了日期，而之后我的账目上没有注明日期和【命名的】执政官，那么也应当对我出示日期和【命名的】执政官，因为在开头注明日期和【命名的】执政官是所有账目共同的【属性】。

D. 2, 13, 6, 7

另一方面，【账目】的出示包括口头叙述、交付书面文件，或者提供会计账簿。

D. 2, 13, 6, 8

裁判官宣称，"对于钱庄老板或者某个再一次要求向他出示账目的人，在案件审理之后我才会命令向他出示"。

D. 2, 13, 6, 9

当钱庄老板可以从与其职业相关的文件中直接获得相关

esse potest instrumento suae professionis: et absurdum est, cum ipse in ea sit causa, ut edere debeat, ipsum petere ut edatur ei. an nec heredi argentarii edi ratio debeat, videndum: et si quidem instrumentum argentariae ad eum pervenit, non debet ei edi, si minus, edenda est ex causa. nam et ipsi argentario ex causa ratio edenda est: si naufragio vel ruina vel incendio vel alio simili casu rationes perdidisse probet aut in longinquo habere, veluti trans mare.

D. 2, 13, 6, 10

Nec iterum postulanti edi praetor iubet, nisi ex causa:

D. 2, 13, 7pr. *Paulus libro tertio ad edictum*

veluti si peregre habere quod primum editum est doceat: vel minus plene editum: vel eas rationes, quas casu maiore, non vero neglegentia perdiderit. nam si eo casu amisit, cui ignosci debeat, ex integro edi iubebit.

D. 2, 13, 7, 1

Haec vox 'iterum' duas res significat: alteram, qua demonstraretur tempus secundum, quod Graeci *deúteron* dicunt: alteram, quae ad insequentia quoque tempora pertinet, quae Graece dicitur *p£ lin*, quod ita accipitur 'quotiens opus erit' . nam potest fieri ut bis editam sibi rationem quis perdiderit: ut verbum iterum pro saepius accipiatur.

信息时，基于该理由裁判官不允许向钱庄老板出示某一账目。而且因为他本人在负有出示【账目】义务的情形下，他再要求【其他人】向他出示【账目】，这是很荒谬的。应当考虑的是，是否也不应当向钱庄老板的继承人出示账目？当然，如果账簿文件已经在他手中，就无需向他出示；但是如果存在合理原因时，则应当出示。因为存在合理原因时，比如当【钱庄老板】举证证明了账目在船难、房屋毁损、火灾或其他类似事件当中遗失，或者账目在一个距离遥远的地方，如海外，对于钱庄老板本人也应当出示账目。

D. 2, 13, 6, 10

裁判官也不能命令向第二次提出【账目出示】要求的当事人出示【账目】，除非存在合理的原因。

D. 2, 13, 7pr. 保罗：《告示评注》第 3 卷

比如，之前成为出示对象的【账目】在外地，或者【账目的】出示没有完成的，或者账目因不可抗力，而并非疏忽而灭失的，则由于可免责的原因而使【账目】灭失，【裁判官】将命令重新出示【账目】。

D. 2, 13, 7, 1

"iterum"这个词语具有两层意思，一层意思指的是"第二次"，希腊语称为déuteron，另一层意思指的是"之后的次数"，希腊语称为pálin，它想要表达的是"必要的次数"；其实，因为可能会发生某人两次丢失已经向他出示的账目的情形，因此，"再一次"这个词指的是"多次"的意思。

D. 2, 13, 8pr. *Ulpianus libro quarto ad edictum*

Ubi exigitur argentarius rationes edere, tunc punitur, cum dolo malo non exhibet: sed culpam non praestabit nisi dolo proximam. dolo malo autem non edidit et qui malitiose edidit et qui in totum non edidit.

D. 2, 13, 8, 1

Is autem, qui in hoc edictum incidit, id praestat, quod interfuit mea rationes edi, cum decerneretur a praetore, non quod hodie interest: et ideo licet interesse desiit vel minoris vel pluris interesse coepit, actio [1] non habebit neque augmentum neque deminutionem.

D. 2, 13, 9pr. *Paulus libro tertio ad edictum*

Quaedam sunt personae, quas rationes nobis edere oportet nec tamen a praetore per hoc edictum compelluntur. veluti cum procurator res rationesve nostras administravit, non cogitur a praetore per metum in factum actionis rationes edere: scilicet quia id consequi possumus per mandati actionem. et cum dolo malo socius negotia gessit, praetor per hanc clausulam non intervenit: est enim pro socio actio. sed nec tutorem cogit praetor pupillo edere rationes: sed iudicio tutelae solet cogi edere.

---

[1] [locum], vd. Mo. – Kr., nt. 6.

第十三章 关于诉讼宣告和账目的出示

D. 2, 13, 8pr. 乌尔比安：《告示评注》第 4 卷

当钱庄老板被要求出示账目时，如果他故意不出示账目就将被惩罚；但是他不会因过失【没有出示账目】而受惩罚，除非是近似故意【而不出示账目】。如果带着欺骗意图出示【账目】或者【账目】出示不完整，都不属于故意不出示账目。

D. 2, 13, 8, 1

此外，依照该告示的规定，某人承担的赔偿额应当相当于裁判官命令出示账目时我的利益，而不是【我】现在的利益。因此，即使【我的】利益不存在了，或者变的更少或者更多了，该诉所能获得的【赔偿】都既不会增加，也不会减少。

D. 2, 13, 9pr. 保罗：《告示评注》第 3 卷

有些人负有出示账目的义务，尽管他们不由裁判官依照该告示规定采用强制手段强迫其这样做。例如，就像当某个代理人管理我们的事务和账目时，他并不是被裁判官以事实之诉威慑迫使其出示账目，而显然是因为我们可以通过委托之诉要求他出示账目。而当某个合伙人在管理【合伙】事务时【对另一合伙人】进行了欺诈，裁判官同样不会依据这一条款【的规定】进行干预，因为存在有利于合伙人【的合伙】之诉。同样，裁判官也不会【通过该诉】强迫监护人向被监护人出示账目，但是通常通过监护之诉迫使其出示账目。

D. 2, 13, 9, 1

Nihil interest, si successores aut pater aut dominus argentarii eiusdem fuerunt professionis: quia cum in locum et in ius succedant argentarii, partibus eius fungi debent. is autem, cui argentarius rationes suas legavit, non videbitur contineri, quia iuris successor his verbis significatur: non magis, quam si ei vivus eas donasset. sed nec heres tenebitur, cum nec possideat nec dolo malo fecerit: sed si ei, antequam eas legatario traderet, renuntiatum fuerit, ne ante eas tradat, tenebitur quasi dolo fecerit: item antequam eas tradat, tenebitur. quod si nihil dolo fecerit, causa cognita legatarius cogendus est edere.

D. 2, 13, 9, 2

Nummularios quoque non esse iniquum cogi rationes edere Pomponius scribit: quia et hi nummularii sicut argentarii rationes conficiunt, quia et accipiunt pecuniam et erogant per partes, quarum probatio scriptura codicibusque eorum maxime continetur: et frequentissime ad fidem eorum decurritur.

D. 2, 13, 9, 3

Ceterum omnibus postulantibus et iurantibus non calumniae causa petere rationes, quae ad se pertineant, edi iubet.

D. 2, 13, 9, 1

无论钱庄老板的继承人、父亲或主人是否【从事】该职业，这都无关紧要，因为他们取得了钱庄老板的位置和法律地位，就应当视为【代理】他的工作。另一方面，与钱庄老板生前赠与他账目并没有任何区别，钱庄老板向其遗赠了账目的受遗赠人不被包括在继承人之中，因为采用【"继承人"】这些文字是指那些在法律上继承遗产的人。但是，那些没有占有账目，也没有实施恶意行为【而不占有账目的】的继承人不应该承担【出示账目的】责任。但是，如果这些账目在被交付给受遗赠人之前，【继承人】已经被告诫了要进行交付，【继承人视为】类似因为实施恶意行为【而没有占有账目】，应该【出示账目】；同样地，在该账目交付之前，继承人都应该【出示账目】。如果他没有实施恶意行为，该案件审理之后，受遗赠人应当被强制出示【账目】。

D. 2, 13, 9, 2

彭波尼写道，强制兑换商出示账目并非是不公平的，因为这些兑换商也像钱庄老板一样编制账目。因为他们无论是收入还是支付金钱，其证据都首先是被包含在书面文件和他们的会计账簿中的。信用常常是从这些【书面文件和账簿】中产生并可以被加以利用。

D. 2, 13, 9, 3

此外，【裁判官】命令，向所有那些提出请求，并能够宣誓不为毁谤目的请求的人出示与之相关的账目。

D. 2, 13, 9, 4

Ad nos enim pertinet non tantum cum ipsi contraximus vel successimus ei qui contraxit, sed etiam si is qui in nostra potestate est contraxit.

D. 2, 13, 10pr. *Gaius libro primo ad edictum provinciale*

Argentarius rationes edere iubetur: nec interest cum ipso argentario controversia sit an cum alio.

D. 2, 13, 10, 1

Ideo autem argentarios tantum neque alios ullos absimiles eis edere rationes cogit, quia officium eorum atque ministerium publicam habet causam et haec principalis eorum opera est, ut actus sui rationes diligenter conficiant.

D. 2, 13, 10, 2

Edi autem ratio ita intellegitur, si a capite edatur, nam ratio nisi a capite inspiciatur, intellegi non potest: scilicet ut non totum cuique codicem rationum totasque membranas inspiciendi describendique potestas fiat, sed ut ea sola pars rationum, quae ad instruendum aliquem pertineat, inspiciatur et describatur.

D. 2, 13, 10, 3

Cum autem in id actio competit, quanti agentis intersit editas

第十三章 关于诉讼宣告和账目的出示

D. 2, 13, 9, 4

不仅是当我们自己缔结了合同，或者我们是合同缔结人的继承人时，而且当合同是由处于我们支配权之下的某人所缔结时，【请求出示账目】都被认为是与我们有关。

D. 2, 13, 10pr. 盖尤斯:《行省告示评注》第 1 卷

钱庄老板被命令出示账目，无论该争议是和该钱庄老板还是和另外一个老板之间产生都无关紧要。

D. 2, 13, 10, 1

对此，【裁判官】只强制钱庄老板，而不是其他与之并不类似的人出示账目，因为他们的职业与功能具有公共意义，其首要职责是勤勉地编制他们交易活动的账目。

D. 2, 13, 10, 2

当一个账目从头开始被展示，就被认为实施了账目出示，因为该账目如果没有从开始被审查就不可能被理解。当然，并不是任何人都有权力对整个会计账簿和全部页码进行审查和复制，而是只能对适合提供给某人、与之相关的信息的账目的部分进行审查和复制。

D. 2, 13, 10, 3

另一方面，因为诉讼请求是以其出示账目时原告的利益为标准，那么，某人无论是被判罚，还是因为不拥有支持他诉讼的账目而没有获得他所请求的，他都可以通过该诉填补

sibi rationes esse: eveniet, ut, sive quis condemnatus sit sive quod petierit non optinuerit eo, quod non habuerit rationes ex quibus causam suam tueri possit, id ipsum, quod ita perdiderit, hac actione consequatur. sed an hoc procedat videamus: nam si apud hunc iudicem, qui inter eum et argentarium iudicat, potest probare se illo iudicio, quo victus est, vincere potuisse, poterat et tunc probare: et si non probavit aut probantem iudex non curavit, de se ipso aut de iudice queri debet. sed non ita est. fieri enim potest, ut nunc, rationes vel ipso edente vel alio modo nanctus, aut aliis instrumentis vel testibus, quibus illo tempore aliqua ex causa uti non potuit, possit probare potuisse se vincere. sic enim et de cautione subrepta aut corrupta competit condictio et damni iniuriae actio: quia quod ante non potuimus intercepta cautione probare et ob id amisimus, hoc nunc aliis instrumentis aut testibus, quibus tum uti non potuimus, probare possumus.

D. 2, 13, 11 *Modestinus libro tertio regularum*

Exempla instrumentorum etiam sine subscriptione edentis edi posse receptum est.

D. 2, 13, 12 *Callistratus libro primo edicti monitorii*

Feminae remotae videntur ab officio argentarii, cum ea opera virilis sit.

第十三章 关于诉讼宣告和账目的出示

其损失。但是，我们看一下这是否真的有用。因为【可以说，】在对他和钱庄老板之间争议进行审理的审判员面前，如果他能够证明在那场审判中他本来能够获胜，当时本来也应该能够举证证明。如果他不能证明，或者他举证了而审判员未将其纳入考虑范围，他就只能埋怨他自己或者那个审判员。然而【实际】并不是这样。因为可能会发生，要么是该【钱庄老板】出示了账目，要么是通过其他方法获得了账目，他现在拥有账目的情形；或者通过在当时因某种原因无法使用的其他文件或者证人，他现在能够证明他本来能够胜诉的情形。同样地，对于担保文书被盗窃或者篡改的情形，也可以提起请求催告【给付】之诉或者非法损害之诉，因为起初由于担保【文书】被盗窃，我们没有能够举证证明而因此败诉，而现在我们可以通过当时我们不能使用的其他文件或者证人进行证明。

D.2，13，11 莫特斯丁：《规则集》第 3 卷

无需出示人的署名，也可以制作文件的复本。

D.2，13，12 伽里斯特拉杜斯：《教师【使用】的告示》第 1 卷

人们认为，女性被排除在钱庄业务之外，因为这类活动是属于男人的。

D. 2, 13, 13 *Ulpianus libro quarto ad edictum*

Haec actio neque post annum neque in heredem nisi ex suo facto dabitur. heredi autem dabitur.

D.2, 13, 13 乌尔比安:《告示评注》第 4 卷

该诉既不能够在一年后提起,也不能对继承人提起,除非是针对他实施的行为【提起诉讼】。毫无疑问,【该诉的提起权】给予继承人。

XIV

DE PACTIS

D. 2, 14, 1pr. *Ulpianus libro quarto ad edictum*

Huius edicti aequitas naturalis est. quid enim tam congruum fidei humanae, quam ea quae inter eos placuerunt servare?

D. 2, 14, 1, 1

Pactum autem a pactione dicitur (inde etiam pacis nomen appellatum est)

D. 2, 14, 1, 2

et est pactio duorum pluriumve in idem placitum[1] consensus.

D. 2, 14, 1, 3

Conventionis verbum generale est ad omnia pertinens, de quibus negotii contrahendi transigendique causa consentiunt qui

---

[1] [et], vd. Mo. – Kr., nt. 12.

第十四章
关于简约

D. 2, 14, 1pr. 乌尔比安:《告示评注》第 4 卷

自然公平是这个告示的属性。的确,有比遵从那些人们的喜好并作出决定的事更符合人们之间信任关系的吗?

D. 2, 14, 1, 1

现在的"简约"(pactum)一词来源于"协定"(pactio,和平"pace"一词的命名也是来源于它)。

D. 2, 14, 1, 2

协定是两个或者多个人就同一事项达成的合意。

D. 2, 14, 1, 3

"协议"(conventio)一词是一个一般性用语,是有关为取得一致或达成和解而为法律行为的人们所【达成】合意的全部【事项】。就像我们说"汇合"(convenire)是指那些来自不同地方的人向同一个地点聚集一样,"汇合"在另外一个意义上也是指出于不同目的就同一【事项】达成合意,

inter se agunt: nam sicuti convenire dicuntur qui ex diversis locis in unum locum colliguntur et veniunt, ita et qui ex diversis animi motibus in unum consentiunt, id est in unam sententiam decurrunt. adeo autem conventionis nomen generale est, ut eleganter dicat Pedius nullum esse contractum, nullam obligationem, quae non habeat in se conventionem, sive re sive verbis fiat: nam et stipulatio, quae verbis fit, nisi habeat consensum, nulla est.

D. 2, 14, 1, 4

Sed conventionum pleraeque in aliud nomen transeunt: veluti in emptionem, in locationem, in pignus vel in stipulationem.

D. 2, 14, 2pr. *Paulus libro tertio ad edictum*

Labeo ait convenire posse vel re: vel per epistulam vel per nuntium inter absentes quoque posse. sed etiam tacite consensu convenire intellegitur:

D. 2, 14, 2, 1

et ideo si debitori meo reddiderim cautionem, videtur inter nos convenisse ne peterem, profuturamque ei conventionis exceptionem placuit.

D. 2, 14, 3 *Modestinus libro tertio regularum*

Postquam pignus vero debitori reddatur, si pecunia soluta non fuerit, debitum peti posse dubium non est, nisi specialiter contrarium actum esse probetur.

即汇聚成为同一个意见。并且,"协议"一词具有如此一般性【的意义】,以至于贝蒂文雅地说道:【所有的】合同、【所有产生】债的【双方或多方】行为,或者是以要物方式【例如借贷、质权合同等】或者是以口头方式【例如要式口约等】设立的,【也】都必须包含一项协议,否则无效。实际上,【即使是】以【通过说特定的话的】口头方式缔结的要式口约如果欠缺合意,也是无效的。

D. 2, 14, 1, 4

然而,大部分协议转到【使用】其他的名称,比如称作买【卖合同】、租【赁合同】、质权【合同】或要式口约等。

D. 2, 14, 2pr. 保罗:《告示评注》第 3 卷

拉贝奥认为,通过要物方式,或者是不在场的人之间通过信件或者使者也能够形成协议。但是他认为,人们也可以通过默示同意达成协议。

D. 2, 14, 2, 1

因此,如果我已经归还了我的债务人债的文件,视为我们之间就形成了我不会诉请【履行】的协议,并且被视为正确的是,债务人能够使用基于【不请求履行】这一协议的抗辩。

D. 2, 14, 3 莫特斯丁:《规则集》第 3 卷

的确,在质押物被归还给债务人之后,如果金钱未支付,无疑可以起诉请求该债务,除非能够专门举证证明当事人有不同的意愿。

D. 2, 14, 4pr. *Paulus libro tertio ad edictum*

Item quia conventiones etiam tacite valent, placet in urbanis habitationibus locandis invecta illata pignori esse locatori, etiamsi nihil nominatim convenerit.

D. 2, 14, 4, 1

Secundum haec et mutus pacisci potest.

D. 2, 14, 4, 2

Huius rei argumentum etiam stipulatio dotis causa facta est: nam ante nuptias male petitur, quasi si hoc expressum fuisset, et nuptiis non secutis ipso iure evanescit stipulatio. idem Iuliano placet.

D. 2, 14, 4, 3

Ex facto etiam consultus, cum convenisset, ut donec usurae solverentur sors non peteretur, etsi[1] stipulatio pure concepta fuisset, condicionem inesse stipulationi, atque si hoc expressum fuisset.

D. 2, 14, 5 *Ulpianus libro quarto ad edictum*

Conventionum autem tres sunt species. aut enim ex publica causa fiunt aut ex privata: privata aut legitima aut iuris gentium. publica conventio est, quae fit pro pace[2], quotiens inter se duces belli quaedam paciscuntur.

---

[1] Oet⑥, vd. Mo. − Kr. , nt. 3.
[2] O per pacem⑥, vd. Mo. − Kr. , nt. 4.

D. 2, 14, 4pr. 保罗:《告示评注》第 3 卷

同样，即使是默示的协议也有效。在城市房屋租赁中可以为了出租人的利益，某些物被【承租人】带来并用于质押，即使【合同当事人】没有专门协议。

D. 2, 14, 4, 1

依前所述，沉默也可以缔结一个简约。

D. 2, 14, 4, 2

为嫁资目的订立的要式口约也可以再次证明这一点。因为婚礼之前诉请【实际履行】不能获胜，就如同【这一点】已经明确约定，而如果婚姻没有缔结，该要式口约就丧失了法律效力。尤里安也赞同这一观点。

D. 2, 14, 4, 3

被咨询的还涉及一个具体的个案，其中达成协议约定在利息能够被支付期间，不对该笔资金的总额提出请求。【尤里安认为：】尽管要式口约的形成没有附条件，但是此条件嵌入了要式口约之中，就如同对此明确地达成了协议。

D. 2, 14, 5 乌尔比安:《告示评注》第 4 卷

存在三种类型的协议：或者是因公共原因而缔结；或者是因私的原因缔结。因私的原因，或者是依据法律，或者是依据万民法。公共协议是战争的指挥者们所达成的某种简约，是为了和平而缔结【的协议】。

D. 2, 14, 6 *Paulus libro tertio ad edictum*

Legitima conventio est quae lege aliqua confirmatur. et ideo interdum ex pacto actio nascitur vel tollitur, quotiens lege vel senatus consulto adiuvatur.

D. 2, 14, 7pr. *Ulpianus libro quarto ad edictum*

Iuris gentium conventiones quaedam actiones pariunt, quaedam exceptiones.

D. 2, 14, 7, 1

Quae pariunt actiones, in suo nomine non stant, sed transeunt in proprium nomen contractus: ut emptio venditio, locatio conductio, societas, commodatum, depositum et ceteri similes contractus.

D. 2, 14, 7, 2

Sed et si in alium contractum res non transeat, subsit tamen causa, eleganter Aristo Celso respondit esse obligationem. ut puta dedi tibi rem ut mihi aliam dares, dedi ut aliquid facias: hoc *sun£ llagma* esse et hinc nasci civilem obligationem. et ideo puto recte Iulianum a Mauriciano reprehensum in hoc: dedi tibi Stichum, ut Pamphilum manumittas: manumisisti: evictus est Stichus. Iulianus scribit in factum actionem a praetore dandam: ille ait civilem incerti actionem, id est praescriptis verbis sufficere: esse enim contractum, quod Aristo *sun£ llagma* dicit, unde haec nascitur actio.

第十四章 关于简约

D. 2, 14, 6 保罗：《告示评注》第 3 卷

为某一法律所确认的协议是依据法律【缔结的】协议。因此，根据其在某项法律或者元老院决议中获得的支持，有时候基于一项简约能够产生或者丧失诉讼。

D. 2, 14, 7pr. 乌尔比安：《告示评注》第 4 卷

有些协议是依据万民法【缔结的】，一些产生诉讼，另外一些产生抗辩。

D. 2, 14, 7, 1

那些产生诉讼的协议不保留使用它们【为"协议"】的名称，转而使用某种合同的典型名称：如买卖、租赁、合伙、消费借贷、寄托，以及其他类似的合同。

D. 2, 14, 7, 2

然而，尽管【就某项】事情【所缔结的协议】不完全符合某一种或者另外一种【典型】合同，但是存在原因，阿里斯多对杰尔苏优雅地答复说存在债。例如，我已经给予你某物是为了你将给予我另外某物，我已经给是为了你做某事：这是一个【双务】合同（synállagma - συνάλλαγμα）而由此产生了一个市民法之债。因此，我认为，在下列情况下毛里奇安鲁斯对尤里安的谴责是正确的：我将【奴隶】史蒂古给你是为了让你解放【另一名奴隶】庞菲罗。你【依照合同的规定】解放了【庞菲罗】，而【你接受给付的奴隶】史蒂古【却有权利瑕疵，】受到【他人】追夺。尤里安写道，【对此】裁判官应当授予一个事实之诉。【毛里奇安鲁斯则】认为授予一个客体不确定的市民法诉讼，即通过描述该法律关系提起的市民法诉讼就足够了：因为存在一个合同，阿里斯佐称之为 συνάλλαγμα（synállagma），并由此产生诉。

D. 2, 14, 7, 3

Si ob maleficium ne fiat promissum sit, nulla est obligatio ex hac conventione.

D. 2, 14, 7, 4

Sed cum nulla subest causa, propter conventionem hic constat non posse constitui obligationem: igitur nuda pactio obligationem non parit, sed parit exceptionem.

D. 2, 14, 7, 5

Quin immo interdum format ipsam actionem, ut in bonae fidei iudiciis: solemus enim dicere pacta conventa inesse bonae fidei iudiciis. sed hoc sic accipiendum est, ut si quidem ex continenti pacta subsecuta sunt, etiam ex parte actoris insint: si ex intervallo, non inerunt, nec valebunt, si agat, ne ex pacto actio nascatur. ut puta post divortium convenit, ne tempore statuto dilationis dos reddatur, sed statim: hoc non valebit, ne ex pacto actio nascatur: idem Marcellus scribit. et si in tutelae actione convenit, ut maiores quam statutae sunt usurae praestentur, locum non habebit, ne ex pacto nascatur actio: ea enim pacta insunt, quae legem contractui dant, id est quae in ingressu contractus facta sunt. idem responsum scio a Papiniano, et si post emptionem ex intervallo aliquid extra naturam contractus conveniat, ob hanc causam agi ex empto non posse propter eandem regulam, ne ex pacto actio nascatur. quod et in omnibus bonae fidei iudiciis erit dicendum. sed ex parte rei locum habebit pactum, quia solent et ea pacta, quae postea interponuntur, parere exceptiones.

D. 2, 14, 7, 3

如果一个承诺被作出是为了不为某个侵权行为,从这种协议中不产生任何债。

D. 2, 14, 7, 4

然而,当不存在任何原因,这种情形下无疑基于协议不能建立债:因此,一个裸体简约不产生债,而产生抗辩。

D. 2, 14, 7, 5

而有时简约也形成诉讼,例如在诚信审判中:的确,我们通常认为缔结的简约在诚信审判中是被纳入考虑范围的。但是,这一点应当这样理解,如果简约是在【行为】框架下被提出,它也为了原告的利益被考虑;如果在一定时间间隔之后,将不被认为是包含在内,也不能被原告所使用,因为简约不应当产生诉讼。例如,如果离婚之后约定嫁资不是按照规定的日期归还而是立即【归还】,该【简约】没有【法律】意义,因为简约不得产生诉,马尔西安也是这样说的。而如果关于监护之诉约定了比规定更高的利息,该【简约】没有任何【法律】效力,因为简约不得产生诉。其实【只有】对合同加以规定的简约才被纳入考虑范围,即订立合同的时候而缔结的【简约】。并且我知道帕比尼安也是这么答复的:如果买卖【订立】之后,过了一段时间,与合同依其性质【包含的内容】无关的某个事项被约定,对该原因也不能采用买【卖】之诉提起诉讼,【这】总是基于同一规则,即简约不产生诉。而且,这也应当适用于所有的诚信审判。但是,有利于被告的时候,简约将会有【法律】效力,因为之后【给合同】附加的简约常常产生抗辩。

D. 2, 14, 7, 6

Adeo autem bonae fidei iudiciis pactiones[1] postea factae, quae ex eodem sunt contractu, insunt, ut constet in emptione ceterisque bonae fidei iudiciis re nondum secuta posse abiri ab emptione. si igitur in totum potest, cur non et pars eius pactione mutari potest? et haec ita Pomponius libro sexto ad edictum scribit. quod cum est, etiam ex parte agentis pactio locum habet, ut et ad actionem proficiat nondum re secuta, eadem ratione. nam si potest tota res tolli, cur non et reformari? ut quodammodo quasi renovatus contractus videatur. quod non insuptiliter dici potest. unde illud aeque non reprobo, quod Pomponius libris lectionum probat, posse in parte recedi pacto ab emptione, quasi repetita partis emptione. sed cum duo heredes emptori exstiterunt, venditor cum altero pactus est, ut ab emptione recederetur: ait Iulianus valere pactionem et dissolvi pro parte emptionem: quoniam et ex alio contractu paciscendo alter ex heredibus adquirere sibi potuit exceptionem. utrumque itaque recte placet, et quod Iulianus et quod Pomponius.

D. 2, 14, 7, 7

Ait praetor: 'Pacta conventa, quae neque dolo malo, neque adversus leges plebis scita senatus consulta edicta decreta[2] principum, neque quo fraus cui eorum fiat, facta erunt, servabo.'

---

[1] ○exceptiones⑥, vd. Mo. – Kr. , nt. 13.
[2] ○decreta edicta⑥, vd. Mo. – Kr. , nt. 16.

第十四章 关于简约

D. 2, 14, 7, 6

这样,在诚信审判中就包含了在合同订立以后缔结的属于合同的【产生抗辩的】简约。比如,在买卖合同以及其他受诚信诉讼保护的合同中,在尚未履约的情况下,无疑可以取消合同。既然整个【合同】都允许【改变】,那么,为什么不能通过简约改变合同的一部分呢?彭波尼在《论告示》第6卷中就作了这样的论述。而如果是这样,基于同样的理由,简约也具有有利于原告的【法律】效力。所以,在尚未履约的情况下,【简约】也可以有利于诉松。如果某事可以完全被取消,为什么不能被修改呢?这样,合同似乎更新了。当然,这可以说是不乏洞见的。因此,同样地我并非不赞同彭波尼在《课程集》中支持的观点——可以通过简约部分取消已经订立的买卖合同,类似于一部分买卖合同被重复了。在买方有两个继承人的情况下,当卖方与其中一个继承人订立了简约约定取消该买卖合同时,尤里安说,该简约有效,并且该买卖合同的部分被解除,因为其中一个继承人如果基于另外的合同也缔结了简约,将能够取得有利于他的抗辩权。因此尤里安与彭波尼的观点均可以支持。

D. 2, 14, 7, 7

裁判官宣告:"如果不是以恶意实施,或者违反法律、平民会决议、元老院决议、告示规定、君主的谕令,也不是以使他们其中某人被欺诈的方式而缔结的简约,我将使人们遵守【该简约】。"

D. 2, 14, 7, 8

Pactorum quaedam in rem sunt, quaedam in personam. in rem sunt, quotiens generaliter paciscor ne petam: in personam, quotiens ne a persona petam, id est ne a Lucio Titio petam. utrum autem in rem an in personam pactum factum est, non minus ex verbis quam ex mente convenientium aestimandum est: plerumque enim, ut Pedius ait, persona pacto inseritur, non ut personale pactum fiat, sed ut demonstretur, cum quo pactum factum est.

D. 2, 14, 7, 9

Dolo malo ait praetor pactum se non servaturum. dolus malus fit calliditate et fallacia: et ut ait Pedius, dolo malo pactum fit, quotiens circumscribendi alterius causa aliud agitur et aliud agi simulatur.

D. 2, 14, 7, 10

Sed si fraudandi causa pactum factum dicatur, nihil praetor adicit: sed eleganter Labeo ait hoc aut iniquum esse aut supervacuum. iniquum, si quod semel remisit creditor debitori suo bona fide, iterum hoc conetur destruere: supervacuum, si deceptus hoc fecerit, inest enim dolo et fraus.

D. 2, 14, 7, 8

有些简约是对物的，有些简约是对人的。只要是一般的约定不提起诉讼就是对物的简约；只要是约定不对某个特定的人提起诉讼，比如不向卢奇·蒂兹奥提起诉讼，就是对人的简约。确定所缔结的简约究竟是对物的还是对人的，不仅要看它的字句，还要考虑缔结该协议的人的目的。因为正如贝蒂所说，大多数情形下，某个人在简约中被提到并不是因为该简约具有对人的效力，而是为了指明是和谁缔结的该简约。

D. 2, 14, 7, 9

裁判官宣称，以欺诈方式缔结的简约不被遵守。通过实施诡计或者欺骗就构成欺诈。如同贝蒂所说的，只要是基于欺骗某人的目的做某事或者假装做其他事情，都属于以欺诈方式【缔结】简约。

D. 2, 14, 7, 10

裁判官【在其告示中】没有对这样一种情形进行补充规定，即有人提出缔结该简约是为了不给付本应当进行的给付。但是，拉贝奥文雅地论述道，【这样的告示规定】要么是不公平的，要么是多余的。如果债权人之前免除了【诚信的】债务人的债务，之后试图废除该免除债务的简约，这是不公平的；如果是债权人因为被欺骗而免除【对方债务】的情形，该规定则是多余的，因为这种欺骗也被包含在"欺诈"之中。

D. 2, 14, 7, 11

Sive autem ab initio dolo malo pactum factum est sive post pactum dolo malo aliquid factum est, nocebit exceptio propter haec verba edicti 'neque fiat'.

D. 2, 14, 7, 12

Quod fere novissima parte pactorum ita solet inseri 'rogavit Titius, spopondit Maevius', haec verba non tantum pactionis loco accipiuntur, sed etiam stipulationis: ideoque ex stipulatu nascitur actio, nisi contrarium specialiter adprobetur, quod non animo stipulantium hoc factum est, sed tantum paciscentium.

D. 2, 14, 7, 13

Si paciscar, ne pro iudicati vel incensarum aedium agatur, hoc pactum valet.

D. 2, 14, 7, 14

Si paciscar, ne operis novi nuntiationem exsequar, quidam putant non valere pactionem, quasi in ea re praetoris imperium versetur: Labeo autem distinguit, ut, si ex re familiari operis novi nuntiatio sit facta, liceat pacisci, si de re publica, non liceat: quae distinctio vera est. et in ceteris igitur omnibus ad edictum praetoris pertinentibus, quae non ad publicam laesionem, sed ad rem familiarem respiciunt, pacisci licet: nam et de furto pacisci lex permittit.

第十四章 关于简约

D. 2, 14, 7, 11

另一方面,无论是一开始就是以欺诈方式订立的简约,还是在简约订立之后存在欺诈行为,都可以适用告示规定的"也不能以【被欺诈的方式】实施"这一抗辩来对抗【基于欺诈而缔结的简约的法律保护】。

D. 2, 14, 7, 12

在简约最后部分经常使用:"蒂兹奥询问,麦维奥承诺"。这些文字不会被视为缔结简约的内容,而被视为订立要式口约的内容,并由此产生要式口约之诉,除非能够特别地证明【当事人】有相反的意思,即使用该语句不具有订立要式口约的意图,而仅仅是为了缔结简约。

D. 2, 14, 7, 13

如果缔结简约约定不起诉要求依据裁决【履行】,或者约定对被火灾烧毁的房屋不起诉,该简约有效。

D. 2, 14, 7, 14

如果约定不提起某个新施工警告之诉,一些人认为这类简约不具有效力,因为这一诉讼涉及裁判官的治权。相反,拉贝奥进行了区分,他认为如果新施工警告之诉的提起是因为对家庭财产中的物的损害,则该简约是合法的;如果涉及对公共物【的损害】,则该简约不合法。这种区分是正确的。因此,对所有那些裁判官告示规定的,不涉及对公共物的损害,而是私人财产范围内的【物的损害】约定是合法的。事实上,即使是对于盗窃,法律也允许【当事人】约定不起诉。

D. 2, 14, 7, 15

Sed et si quis paciscatur, ne depositi agat, secundum Pomponium valet pactum. item si quis pactus sit, ut ex causa depositi omne periculum praestet, Pomponius ait pactionem valere nec quasi contra iuris formam factam non esse servandam.

D. 2, 14, 7, 16

Et generaliter quotiens pactum a iure communi remotum est, servari hoc non oportet: nec legari, nec iusiurandum de hoc adactum ne quis agat servandum Marcellus libro secundo digestorum scribit: et si stipulatio sit interposita de his, pro quibus pacisci non licet, servanda non est, sed omnimodo rescindenda.

D. 2, 14, 7, 17

Si ante aditam hereditatem paciscatur quis cum creditoribus ut minus solvatur, pactum valiturum est.

D. 2, 14, 7, 15

然而，依据彭波尼的观点，即使某人约定不提起寄托之诉，该简约也有效。同样地，如果某人约定基于寄托关系对所有的风险承担责任，彭波尼认为该简约约定有效，而且不能认为它违反了法律对这类关系的典型塑造而不予遵守。

D. 2, 14, 7, 16

一般来说，只要简约背离了共同法，就不应当被遵守。马尔西安在《学说汇纂》第2卷中写道，约定不起诉的简约不能够成为遗赠的客体，对此作出的宣誓不应当被遵守。尽管对不合法的事项进行了约定达成了要式口约，【该要式口约】不应当被遵守，而都应当废除。

D. 2, 14, 7, 17

如果某人在接受遗产之前，与债权人约定履行比应支付金额少的债务，【协商达成的该】简约有效。

D. 2, 14, 7, 18

Sed si servus sit, qui paciscitur, priusquam libertatem et hereditatem apiscatur, quia sub condicione heres scriptus fuerat, non profuturum pactum Vindius scribit: Marcellus autem libro octavo decimo digestorum et suum heredem et servum necessarium pure scriptos, paciscentes priusquam se immisceant putat recte pacisci, quod verum est. idem et in extraneo herede: qui si mandatu creditorum adierit, etiam mandati putat eum habere actionem. sed si quis, ut supra rettulimus, in servitute pactus est, negat Marcellus, quoniam non solet ei proficere, si quid in servitute egit, post libertatem: quod in pacti exceptione admittendum est. sed an vel doli ei prosit exceptio, quaeritur. Marcellus in similibus speciebus licet antea dubitavit, tamen admisit: ut puta filius familias heres institutus pactus est cum creditoribus et emancipatus adiit hereditatem: et dicit doli eum posse uti exceptione. idem probat, et si filius vivo patre cum creditoribus paternis pactus sit: nam et hic doli exceptionem profuturam. immo et in servo doli exceptio non est respuenda.

D. 2, 14, 7, 19

Hodie tamen ita demum pactio huiusmodi creditoribus obest, si convenerint in unum et communi consensu declaraverint, quota parte debiti contenti sint: si vero dissentiant, tunc praetoris partes necessariae sunt, qui decreto suo sequetur maioris partis voluntatem.

D. 2, 14, 7, 18

但是如果缔结简约的是一个还没有获得解放和遗产的奴隶，温蒂奥认为他不能利用该简约，因为他被指定为继承人是附条件的。之后，马尔西安在《学说汇纂》第18卷中写道，如果未附条件设立的合法的自家继承人与作为必要继承人的奴隶在继承遗产之前达成简约，该约定是适当的，也是正确的。对于家外继承人而言也是同样。后者如果依照债权人的委托接受遗产，也享有委托之诉。然而，就像前面指出的，如果某人还是奴隶身份时缔结了简约，马尔西安否认【他能利用该简约】，因为如果在他还是奴隶时做了某事，在他【被解放】成为自由人之后通常不能从该事中获益，并且这【一规则】应当被允许【适用于】简约抗辩。但是这产生的问题是，他是否至少能够享有欺诈抗辩？对于类似的情形，马尔西安尽管最初对此表示怀疑，但是还是认为应当允许【其享有欺诈抗辩】。例如，就好像被设立为继承人的处于支配权之下的儿子与债权人缔结了简约，而他一被解除监护就接受了遗产。马尔西安认为他可以利用欺诈抗辩。对于儿子在父亲生前与父亲的债权人缔结简约的情形也是一样，的确，在这种情形下他也可以利用欺诈抗辩。因此，在【缔结简约的人为】奴隶的情形下，欺诈抗辩也不应当被拒绝。

D. 2, 14, 7, 19

然而，今天这类简约要能够对抗债权人，只有当他们之间达成了统一的协议，并达成了共同的合意，明确了他们要支付的债务的份额【的情形】。相反，如果没有达成一致意见，那么就需要裁判官依照大多数人的意愿，通过他的命令发挥其作用。

D. 2, 14, 8 *Papinianus libro decimo responsorum*

Maiorem esse partem pro modo debiti, non pro numero personarum placuit. quod si aequales sint in cumulo debiti, tunc plurium numerus creditorum praeferendus est. in numero autem pari creditorum auctoritatem eius sequetur praetor, qui dignitate inter eos praecellit. sin autem omnia undique in unam aequalitatem concurrant, humanior sententia a praetore eligenda est. hoc enim ex divi Marci rescripto colligi potest.

D. 2, 14, 9pr. *Paulus libro sexagensimo secundo ad edictum*

Si plures sint qui eandem actionem habent, unius loco habentur. ut puta plures sunt rei stipulandi vel plures argentarii, quorum nomina simul facta sunt: unius loco numerabuntur, quia unum debitum est. et cum tutores pupilli creditoris plures convenissent, unius loco numerantur, quia unius pupilli nomine convenerant. nec non et unus tutor plurium pupillorum nomine unum debitum praetendentium si convenerit, placuit unius loco esse. nam difficile est, ut unus homo duorum vicem sustineat. nam nec is, qui plures actiones habet, adversus eum, qui unam actionem habet, plurium personarum loco accipitur.

D.2,14,8 帕比尼安:《解答集》第10卷

"大多数"被认为是依照债权额而不是人数【计算】,这是合适的。如果依照债权总额计算,【赞成协商的简约规定和与简约规定相反的】数额相同,那么就选择债权人人数多的一方。在债权人人数相同的情形下,裁判官将尊重他们中职位最高的人的权威。如果他们在总体上或者在各方面都处于同等地位,则由裁判官选择最人性化的观点。这一点事实上可以从圣·马可【·奥勒留】的某个批复中推论出来。

D.2,14,9pr. 保罗:《告示评注》第62卷

如果有多个人拥有同一个诉,应当视为只存在一个诉讼。【例如,】就像基于一个要式口约存在多个债权人,或者【存在】多个钱庄老板,而他们的债权是共同设立的,他们仅仅被作为一个计算,因为债务是唯一的。并且,当一个未成年债权人的多个监护人达成某项协议时,他们就仅仅被算作一个人,因为他们是以同一个被监护人的名义达成协议的。同样地,即使唯一的监护人以主张同一债务的多个被监护人的名义达成了【某个协议】,把他视为代替一个人也是适当的。的确,一个人很难代替两个人。其实相对于只享有一个诉的另一方,享有多个诉的人并不被视为是代替多个人。

D. 2, 14, 9, 1

Cumulum debiti et ad plures summas referemus, si uni forte minutae summae centum aureorum debeantur, alii vero una summa aureorum quinquaginta: nam in hunc casum spectabimus summas plures, quia illae excedunt in unam summam coadunatae.

D. 2, 14, 9, 2

Summae autem applicare debemus etiam usuras.

D. 2, 14, 10pr. *Ulpianus libro quarto ad edictum*

Rescriptum autem divi Marci sic loquitur, quasi omnes creditores debeant convenire. quid ergo si quidam absentes sint? num exemplum praesentium absentes sequi debeant? sed an et privilegiariis absentibus haec pactio noceat, eleganter tractatur: si modo valet pactio et contra absentes. et repeto ante formam a divo Marco datam divum Pium rescripsisse fiscum quoque in his casibus, in quibus hypothecas non habet, et ceteros privilegiarios exemplum creditorum sequi oportere. haec enim omnia in his creditoribus, qui hypothecas non habent, conservanda sunt.

D. 2, 14, 10, 1

Si pacto subiecta sit poenae stipulatio, quaeritur, utrum pacti exceptio locum habeat an ex stipulatu actio. Sabinus putat, quod est verius, utraque via uti posse prout elegerit qui stipulatus est: si tamen ex causa pacti exceptione utatur, aequum erit accepto eum stipulationem ferre.

第十四章 关于简约

D. 2, 14, 9, 1

一笔债务也可能涉及不同数额,例如,欠一个人的是 100 金币总额中的很少的金额,而欠另一个人的则是单笔金额 50 金币:的确,在这种情形下我们会考虑这些不同的数额,因为它是单笔形成的数额更高的债。

D. 2, 14, 9, 2

对于这笔金额我们也应当加上利息。

D. 2, 14, 10pr. 乌尔比安:《告示评注》第 4 卷

另一方面,圣·马可【·奥勒留】的批复似乎是所有的债权人都应当达成协议。因此,如果有人缺席怎么办?缺席者应当遵循出席者【所决定】的样本吗?然而,人们优雅地讨论道,如果该协议对缺席者也有效,这一协议是否也能够对抗未出席的享有先取特权的债权人?我记得,在圣·马可【·奥勒留】给出该规定之前,圣【·安东尼】·比奥已经通过批复规定,在这些情形中,无抵押权或者质押权的国库,以及其他享有先取特权的债权人也应当服从出席的债权人协商一致达成的简约。事实上,没有抵押或者质押的债权人对于所有这些也都要遵守。

D. 2, 14, 10, 1

如果在简约之外附加了一个关于惩罚的要式口约,就产生了一个问题:产生简约抗辩还是源于要式口约的诉讼?萨宾认为,并且他的观点也是最符合现实的,根据要式口约人将作出的选择,他可以选择一种或者另一种方式:然而,只要他行使了简约抗辩,就正式免除由要式口约产生的债,【这】将是公平的。

D. 2, 14, 10, 2

Plerumque solemus dicere doli exceptionem subsidium esse pacti exceptionis: quosdam denique, qui exceptione pacti uti non possunt, doli exceptione usuros et Iulianus scribit et alii plerique consentiunt. ut puta si procurator meus paciscatur, exceptio doli mihi proderit, ut Trebatio videtur, qui putat, sicuti pactum procuratoris mihi nocet, ita et prodesse,

D. 2, 14, 11 *Paulus libro tertio ad edictum*

quia et solvi ei potest.

D. 2, 14, 12 *Ulpianus libro quarto ad edictum*

Nam et nocere constat, sive ei mandavi ut pacisceretur, sive omnium rerum mearum procurator fuit: ut et Puteolanus libro primo adsessoriorum scribit: cum placuit eum etiam rem in iudicium deducere.

D. 2, 14, 13pr. *Paulus libro tertio ad edictum*

Sed si tantum ad actionem procurator factus sit, conventio facta domino non nocet, quia nec solvi ei possit.

D. 2, 14, 13, 1

Sed si in rem suam datus sit procurator, loco domini habetur: et ideo servandum erit pactum conventum.

D. 2, 14, 10, 2

我们通常断言,在绝大多数情况下,欺诈抗辩是简约抗辩的辅助:尤里安也写道,并且有很多人也赞同,最终,那些不能使用简约抗辩的,就使用欺诈抗辩。【例如,】就好像我的代理人缔结了一项简约,我将享有欺诈抗辩。如同特莱巴兹奥所认为的,这就如同代理人订立的简约能够用来对抗我,同样地,我也可以利用该简约。

D. 2, 14, 11 保罗:《告示评注》第3卷

因为也可以向他进行履行。

D. 2, 14, 12 乌尔比安:《告示评注》第4卷

的确,确定的是对我造成的损害,无论是我委托他去缔结一个简约,还是作为我全部财产的代理人:如同普戴欧兰在《关于【法律】辅助人的任务》第1卷中写道的,因为代理人也可以在法庭上申述主张,这是合适的。

D. 2, 14, 13pr. 保罗:《告示评注》第3卷

然而,如果被任命为代理人仅仅是为了实施诉讼,他所缔结的协议不能不利于被代理人,因为无法向【代理人】履行。

D. 2, 14, 13, 1

不过只要是为了他自己的利益而被任命为代理人,就被视为是替代被代理人:因此,简约应当被遵守。

D. 2, 14, 14 *Ulpianus libro quarto ad edictum*

Item magistri societatium pactum et prodesse et obesse constat.

D. 2, 14, 15 *Paulus libro tertio ad edictum*

Tutoris quoque, ut scribit Iulianus, pactum pupillo prodest.

D. 2, 14, 16pr. *Ulpianus libro quarto ad edictum*

Si cum emptore hereditatis pactum sit factum et venditor hereditatis petat, doli exceptio nocet. nam ex quo rescriptum est a divo Pio utiles actiones emptori hereditatis dandas, merito adversus venditorem hereditatis exceptione doli debitor hereditarius uti potest.

D. 2, 14, 16, 1

Sed et si inter dominum rei venditae et emptorem convenisset, ut homo qui emptus erat redderetur, ei qui pro domino rem vendidit petenti pretium doli exceptio nocebit.

D. 2, 14, 17pr. *Paulus libro tertio ad edictum*

Si tibi decem dem et paciscar, ut viginti mihi debeantur, non nascitur obligatio ultra decem: re enim non potest obligatio contrahi, nisi quatenus datum sit.

D. 2, 14, 14 乌尔比安:《告示评注》第 4 卷

同样确定的是,关于公司董事缔结的简约,一方面【其成员】可以利用它,另一方面也可以用它对抗【其成员】。

D. 2, 14, 15 保罗:《告示评注》第 3 卷

如同尤里安写道的,对于监护人订立的简约,被监护人也可以利用它。

D. 2, 14, 16pr. 乌尔比安:《告示评注》第 4 卷

如果简约是与遗产的买受人缔结的,而遗产的出售人起诉请求【简约约定的内容】,则可以以欺诈抗辩对抗他。因为按照圣【·安东尼】·比奥批复的规定,应当对遗产的买受人赋予扩用之诉,遗产债务人可以使用欺诈抗辩对抗遗产的出售人。

D. 2, 14, 16, 1

然而,如果被出售物的所有权人与买受人达成一致,约定被买受的人将被归还,则可以用欺诈抗辩对抗那个代替所有权人将其出售,并主张价金的人。

D. 2, 14, 17pr. 保罗:《告示评注》第 3 卷

如果我给你 10【金币】,并约定你欠我 20【金币】,并不产生超过 10【金币】的债。因为如果不是在那些已经给付的范围内,就不能通过以给某物的方式缔结一个债。

D. 2, 14, 17, 1

Quaedam actiones per pactum ipso iure tolluntur: ut iniuriarum, item furti.

D. 2, 14, 17, 2

De pignore iure honorario nascitur ex pacto actio: tollitur autem per exceptionem, quotiens paciscor ne petam.

D. 2, 14, 17, 3

Si quis paciscatur, ne a se petatur, sed ut ab herede petatur, heredi exceptio non proderit.

D. 2, 14, 17, 4

Si pactus sim, ne a me neve a Titio petatur, non proderit Titio, etiamsi heres extiterit, quia ex post facto id confirmari non potest. hoc Iulianus scribit in patre, qui pactus erat, ne a se neve a filia peteretur, cum filia patri heres extitisset.

D. 2, 14, 17, 5

Pactum conventum cum venditore factum si in rem constituatur, secundum plurium sententiam et emptori prodest, et hoc iure nos uti Pomponius scribit: secundum Sabini autem sententiam etiam si in personam conceptum est, et in emptorem valet: qui hoc esse existimat et si per donationem successio facta sit.

第十四章 关于简约

D. 2, 14, 17, 1

一些诉在法律上可以通过简约【使它】消灭，如侵辱之诉，以及类似的盗窃之诉。

D. 2, 14, 17, 2

关于质押，依据裁判官法基于简约产生诉。而只要我缔结简约约定不提起诉讼，就通过抗辩消灭了诉权。

D. 2, 14, 17, 3

如果某人缔结一个简约约定了不对他提起诉讼，但是对他的继承人提起了诉讼，他的继承人不能行使该抗辩。

D. 2, 14, 17, 4

如果我缔结了一个简约，约定既不能向我，也不能向蒂兹奥提起诉讼。即使蒂兹奥变成了继承人，他也不享有该抗辩，因为这种简约【对第三人不发生效力，】不能因为一个之后发生的事实而生效。在关于某个父亲缔结的简约中约定既不能向他，也不能向他的女儿提起诉讼，而之后【他女儿】成为父亲的继承人的情形中，尤里安也这样写道。

D. 2, 14, 17, 5

按照大多数人的观点，与出卖人缔结的简约，如果设立的是【对物的】，则买受人也可利用该简约。并且彭波尼写道，这是我们适用的法律；相反，根据萨宾的观点，即使简约是对人的【而不是对物的】，对于买受人而言也同样可以适用。他认为，即使【对物的】继承是在赠与之后发生的，情形也是一样。

D. 2, 14, 17, 6

Cum possessor alienae hereditatis pactus est, heredi, si evicerit, neque nocere neque prodesse plerique putant.

D. 2, 14, 17, 7

Filius servusve si paciscantur, ne a patre dominove petatur,

D. 2, 14, 18 *Gaius libro primo ad edictum provinciale*

Sive de eo paciscantur, quod cum ipsis, sive de eo, quod cum patre dominove contractum est,

D. 2, 14, 19pr. *Paulus libro tertio ad edictum*

adquirent exceptionem. idem est et in his, qui bona fide serviunt.

D. 2, 14, 19, 1

1. Item si filius familias pactus fuerit, ne a se petatur, proderit ei, et patri quoque, si de peculio conveniatur

D. 2, 14, 20 *Gaius libro primo ad edictum provinciale*

vel de in rem verso, vel si quasi defensor filii, si hoc maluerit conveniatur,

第十四章 关于简约

D. 2, 14, 17, 6

当简约是由他人遗产的占有人缔结时，绝大多数意见认为，已经追夺了遗产的继承人既不能享有该简约抗辩，也不能以该简约对抗他。

D. 2, 14, 17, 7

家子或者奴隶如果缔结一项简约，约定不能向家父或者主人提起诉讼，

D. 2, 14, 18 盖尤斯：《行省告示评注》第1卷

无论是在与他们本人缔结的合同基础上，还是在与其家父或者主人缔结的合同基础上缔结的简约，

D. 2, 14, 19pr. 保罗：《告示评注》第3卷

他们都将获得抗辩。这对于那些曾经为奴隶的自由人也同样适用。

D. 2, 14, 19, 1

同样地，如果一个处于家父权支配下的家子缔结了一个不向他起诉的简约，他本人以及在特有产范围内被起诉的他的父亲都可以利用该简约

D. 2, 14, 20 盖尤斯：《行省告示评注》第1卷

或者对他【提起】转化物【之诉】，或者如果他提出，传唤他作为家子的辩护人，

D. 2, 14, 21 pr. *Paulus libro tertio ad edictum*

et heredi patris vivo filio: post mortem vero filii nec patri nec heredi eius, quia personale pactum est.

D. 2, 14, 21, 1

Quod si servus, ne a se peteretur, pactus fuerit, nihil valebit pactum: de doli exceptione videamus. et si in rem paciscatur, proderit domino et heredi eius pacti conventi exceptio: quod si in personam pactum conceptum est, tunc domino doli superest exceptio.

D. 2, 14, 21, 2

Nos autem his, qui in nostra potestate sunt, paciscendo prodesse non possumus: sed nobis id profuturum, si nomine eorum conveniamur, Proculus ait: quod ita recte dicitur, si in paciscendo id actum sit. ceterum si paciscar, ne a Titio petas, deinde actionem adversus me nomine eius instituas, non est danda pacti conventi exceptio: nam quod ipsi inutile est, nec defensori competit. Iulianus quoque scribit, si pater pactus sit, ne a se neve a filio petatur, magis est ut pacti exceptio filio familias danda non sit, sed doli prosit.

D. 2, 14, 21, 3

Filia familias pacisci potest, ne de dote agat, cum sui iuris esse coeperit.

第十四章 关于简约

D. 2, 14, 21 pr. 保罗:《告示评注》第 3 卷

而且只要儿子活着,作为父亲的继承人也可以利用【简约】;相反,在儿子死后,父亲或者他的继承人都不能利用【简约】,因为这涉及的是对人的简约。

D. 2, 14, 21, 1

如果奴隶缔结了一个不向他主张【债务】的简约,该简约将不具有效力。至于能否适用欺诈抗辩,则视情况而定。如果该简约是对物的,主人以及他的继承人将享有简约抗辩;如果该简约是对人的,那么主人就只能使用欺诈抗辩。

D. 2, 14, 21, 2

相反,我们不能通过缔结一个简约使处于我们支配权之下的人可以利用:但是普罗库勒认为,如果是我们以他们的名义被起诉,我们就可以利用。他正确地认为,如果在缔结简约的过程中作了这一约定,【就可以利用】。如果我缔结了一项简约,约定你不会向蒂兹奥起诉,之后你以他的名义向我提起一项诉讼,不应当给予简约抗辩:因为蒂兹奥本人不能使用的【诉权或者抗辩权】,他的辩护人就也不能使用。尤里安也写道,如果父亲缔结了一项简约,约定既不向他,也不向他的儿子起诉,较好的做法是,不给予处家父权支配下的家子简约抗辩,但是可以行使欺诈抗辩进行对抗。

D. 2, 14, 21, 3

处于家父权支配下的女儿可以缔结简约,约定将来在法律上独立时不会就嫁资提起诉讼。

D. 2, 14, 21, 4

Item filius familias de eo, quod sub condicione legatum est, recte paciscetur.

D. 2, 14, 21, 5

In his, qui eiusdem pecuniae exactionem habent in solidum, vel qui eiusdem pecuniae debitores sunt, quatenus alii quoque prosit vel noceat pacti exceptio, quaeritur. et in rem pacta omnibus prosunt, quorum obligationem dissolutam esse eius qui paciscebatur interfuit. itaque debitoris conventio fideiussoribus proficiet,

D. 2, 14, 22 *Ulpianus libro quarto ad edictum*

nisi hoc actum est, ut dumtaxat a reo non petatur, a fideiussore petatur: tunc enim fideiussor exceptione non utetur.

D. 2, 14, 23 *Paulus libro tertio ad edictum*

Fideiussoris autem conventio nihil proderit reo, quia nihil eius interest a debitore pecuniam non peti. immo nec confideiussoribus proderit. neque enim quoquo modo cuiusque interest, cum alio conventio facta prodest, sed tunc demum, cum per eum, cui exceptio datur, principaliter ei qui pactus est proficiat: sicut in reo promittendi et his qui pro reo obligati sunt.

D.2, 14, 21, 4

处在家父权支配下的家子将正确地缔结一项关于他被有条件遗赠的简约。

D.2, 14, 21, 5

关于那些对同一笔金钱债务享有连带请求权的人，或者那些对同一笔金钱负担债务的多个债务人，产生的问题是，【他们其中某一人享有的】简约抗辩，在什么情形下能够有利于或者能够对抗其他【债权人或者债务人】？对物的简约，所有那些对消灭他简约约定的债务享有利益的人都可以利用。因此，保证人可以利用债务人【缔结】的协议，

D.2, 14, 22 乌尔比安：《告示评注》第4卷

只要没有履行，就不仅仅向债务人主张，而且也向保证人提起诉讼：那么，事实上保证人不能够利用抗辩。

D.2, 14, 23 保罗：《告示评注》第3卷

保证人的协议【约定不对其提起诉讼】，主债务人完全不能利用该协议，因为不向主债务人要求钱款与保证人无关。至少共同保证人可以利用该协议。的确，与另一方缔结的协议并不是在任何情形下都能够为缔约人所利用，而只有当通过被给予抗辩的那个人，该协议才由缔结简约的人首先利用：例如就像订立要式口约的主债务人以及那些作为共同债务人的情形。

D. 2, 14, 24 *Idem libro tertio ad Plautium*

Sed si fideiussor in rem suam spopondit, hoc casu fideiussor pro reo accipiendus est et pactum cum eo factum cum reo factum esse videtur.

D. 2, 14, 25pr. *Idem libro tertio ad edictum*

Idem in duobus reis promittendi et duobus argentariis sociis.

D. 2, 14, 25, 1

Personale pactum ad alium non pertinere, quemadmodum nec ad heredem, Labeo ait.

D. 2, 14, 25, 2

Sed quamvis fideiussoris pactum reo non prosit, plerumque tamen doli exceptionem reo profuturam Iulianus scribit,

D. 2, 14, 26 *Ulpianus libro quarto ad edictum*

videlicet si hoc actum sit, ne a reo quoque petatur. idem et in confideiussoribus est.

D. 2, 14, 27pr. *Paulus libro tertio ad edictum*

Si unus ex argentariis sociis cum debitore pactus sit, an etiam alteri noceat exceptio? Neratius Atilicinus Proculus, nec si in rem pactus sit, alteri nocere: tantum enim constitutum, ut

第十四章　关于简约

D. 2, 14, 24 保罗:《普劳提评注》第 3 卷

然而,如果保证人是为自己的利益而承诺的,那么,在这种情况下,应将保证人视为主债务人。因此,与他缔结的简约视为是与主债务人缔结的简约。

D. 2, 14, 25 pr. 保罗:《告示评注》第 3 卷

这对于订立要式口约的两个共同债务人或者钱庄的两个合伙人也是一样。

D. 2, 14, 25, 1

拉贝奥认为,对人的简约另外一个人不能利用,继承人也不能利用。

D. 2, 14, 25, 2

然而,尽管保证人订立的简约主债务人不能利用,但是尤里安写道,在绝大多数情形下主债务人可以提起欺诈抗辩。

D. 2, 14, 26 乌尔比安:《告示评注》第 4 卷

当然,如果债务已经履行,就不能再向主债务人请求。这对于共同保证人而言也是如此。

D. 2, 14, 27 pr. 保罗:《告示评注》第 3 卷

如果两个钱庄合伙人中的一人与债务人订立了简约,那么,抗辩是否能够对抗另外一个合伙人?内拉蒂、阿蒂里琴以及普罗库勒认为,即使缔结的是一项对物的简约,也不能够对抗另一合伙人。因为这仅仅是【间接地】规定了,【只有】另外一个合伙人可以起诉请求全部履行。拉贝奥也这样

solidum alter petere possit. idem Labeo: nam nec novare alium posse, quamvis ei recte solvatur: sic enim et his, qui in nostra potestate sunt, recte solvi quod crediderint, licet novare non possint. quod est verum. idemque in duobus reis stipulandi dicendum est.

D. 2, 14, 27, 1

Si cum reo ad certum tempus pactio facta sit, ultra neque reo neque fideiussori prodest. quod si sine persona sua reus pepigerit, ne a fideiussore petatur, nihil id prodesse fideiussori quidam putant, quamquam id rei intersit: quia ea demum competere ei debeat exceptio, quae et reo. ego didici prodesse fideiussori exceptionem: non sic enim illi per liberam personam adquiri, quam ipsi, qui pactus sit, consuli videmur: quo iure utimur.

【认为】。因为，尽管对一个合伙人可以作正确的履行，但是，任一合伙人都不能单独更新【合同】。同样，尽管处在我们支配权下的人能够正确地履行他们的借贷【债务】，但是也不能更新【合同】。这是正确的，而且上述原则也适用于要式口约的两个共同债权人。

D. 2, 14, 27, 1

如果与债务人缔结的是一项有期限的简约，期限届满后，债务人和保证人都不能利用该简约。如果债务人缔结了简约，约定不对保证人起诉，但是没有提及自己，一些人认为，尽管其涉及债务人的利益，但是保证人完全不能利用该抗辩，因为只有在主债务人能够享有抗辩时，保证人才能够享有该抗辩。但是我认为保证人可以利用该抗辩：我们认为以这种方式，保证人不是通过某个自由人【的第三人】而获得，而是从缔结简约的人那里获得帮助的：【因此】我们使用这种方法。

D. 2, 14, 27, 2

Pactus, ne peteret, postea convenit ut peteret: prius pactum per posterius elidetur, non quidem ipso iure, sicut tollitur stipulatio per stipulationem, si hoc actum est, quia in stipulationibus ius continetur, in pactis factum versatur: et ideo replicatione exceptio elidetur. eadem ratione contingit, ne fideiussoribus prius pactum prosit. sed si pactum conventum tale fuit, quod actionem quoque tolleret, velut iniuriarum, non poterit postea paciscendo ut agere possit, agere: quia et prima actio sublata est et posterius pactum ad actionem parandam inefficax est: non enim ex pacto iniuriarum actio nascitur, sed ex contumelia. idem dicemus et in bonae fidei contractibus, si pactum conventum totam obligationem sustulerit, veluti empti: non enim ex novo pacto prior obligatio resuscitatur, sed proficiet pactum ad novum contractum. quod si non ut totum contractum tolleret, pactum conventum intercessit, sed ut imminueret, posterius pactum potest renovare primum contractum. quod et in specie dotis actionis procedere potest. puta pactam mulierem, ut praesenti die dos redderetur, deinde pacisci, ut tempore ei legibus dato dos reddatur: incipiet dos redire ad ius suum. nec dicendum est deteriorem condicionem dotis fieri per pactum: quotiens enim ad ius, quod lex naturae eius tribuit, de dote actio redit, non fit causa dotis deterior, sed formae suae redditur. haec et Scaevolae nostro placuerunt.

第十四章 关于简约

D. 2, 14, 27, 2

已经缔结简约约定不提起诉讼的人之后同意起诉的：前一个简约通过之后的简约被废除了，然而这并非如同一个要式口约通过另外一个要式口约被消灭那样依据法律而产生的效果；因为在要式口约中人们直接规定了一个权利，在简约中人们只是确定了一个事实前提；因此，【简约的】抗辩通过答辩被消除了。基于同样的理由，【存在后续简约的】第一个简约不能够为保证人所利用。但是，如果简约约定的甚至是消灭诉讼，例如对人的侵辱之诉，那么就不能够基于之后约定能够起诉的简约而提起诉讼，因为最初的诉讼已经被消灭了，之后的简约不能够产生提起一个诉讼的效力，因为对人的侵辱之诉不是源自简约，而是来自侵权行为。这同样也适用于诚信合同，通过简约消灭了整个债，例如关于买受物的债。的确，之前的债不会基于一个新的简约而重生，但是简约将产生一个新的合同，然而，如果缔结的简约不是为了消灭整个合同，而是为了缩减债务，后面这个简约可以对前一个合同进行更新。在嫁资诉讼中也会发生这种情形。例如，某个妇女缔结简约约定立即向她归还嫁资，之后又缔结简约约定在法律允许的期限届满时向她归还嫁资，则嫁资将按照法律规定进行归还。并不能说因为简约的约定而导致嫁资的条件恶化，因为只要嫁资诉讼回到它自己的规范，即法律依照其自然属性对其进行的【规范】，嫁资的地位就没有恶化，而只是回到它本来的状态。这一观点也为谢沃拉所赞同。

D. 2, 14, 27, 3

Illud nulla pactione effici potest, ne dolus praestetur: quamvis si quis paciscatur ne depositi agat, vi ipsa id pactus videatur, ne de dolo agat: quod pactum proderit.

D. 2, 14, 27, 4

Pacta, quae turpem causam continent, non sunt observanda: veluti si paciscar ne furti agam vel iniuriarum, si feceris: expedit enim timere furti vel iniuriarum poenam: sed post admissa haec pacisci possumus. item ne experiar interdicto unde vi, quatenus publicam causam contingit, pacisci non possumus. et in summa, si pactum conventum a re privata remotum sit, non est servandum: ante omnia enim animadvertendum est, ne conventio in alia re facta aut cum alia persona in alia re aliave persona noceat.

D. 2, 14, 27, 5

Si cum decem mihi deberes, pepigero, ne a te viginti petam: in decem prodesse tibi pacti conventi vel doli exceptionem placet. item si cum viginti deberes, pepigerim, ne decem petam: efficeretur per exceptionem mihi opponendam, ut tantum reliqua decem exigere debeam.

D. 2, 14, 27, 3

不能通过任何简约约定某人不对欺诈行为承担责任。但是在某人约定不提起寄托之诉的情形下，如同事实上【他】通过简约约定了不对欺诈提起诉讼，该简约将能够被利用。

D. 2, 14, 27, 4

包含了无耻原因的简约不应当被遵守。例如，就像我缔结简约约定，如果你对我实施了【这类】不法行为，我将不提起盗窃之诉或者侵辱之诉。因为对盗窃或者侵辱行为的惩罚的震慑作用是有意义的。但是在这些不法行为发生之后，我们可以缔结简约【约定不对此提起诉讼】。同样地，我们也不能缔结简约约定，将不适用【以】"因为暴力"【字句开头的】令状，因为【该令状】涉及一个公共原因。总之，当简约【内容】超出了单纯的私人领域时，就不应当被遵守。因为必须首先注意到，就某个特定的物或者某个特定的人缔结的协议不能够给其他的人或者物造成损害。

D. 2, 14, 27, 5

如果你欠我 10【金币】，我缔结了一个简约约定不会向你请求 20【金币】，对于那 10【金币】，我认为你可以使用简约抗辩或者欺诈抗辩，这是适当的。同样地，如果你欠我 20【金币】，我缔结简约约定不起诉请求 10【金币】，这将产生的效力是，依据这个可以对抗我的抗辩，我所能够请求的只有剩下的 10【金币】。

D. 2, 14, 27, 6

Sed si stipulatus decem aut Stichum de decem pactus sim et petam Stichum aut decem: exceptionem pacti conventi in totum obstaturam: nam ut solutione et petitione et acceptilatione unius rei tota obligatio solveretur, ita pacto quoque convento de una re non petenda interposito totam obligationem summoveri. sed si id actum inter nos sit, ne decem mihi, sed Stichus praestetur: possum efficaciter de Sticho agere, nulla exceptione opponenda. idem est et si de Sticho non petendo convenerit.

D. 2, 14, 27, 7

Sed si generaliter mihi hominem debeas et paciscar, ne Stichum petam: Stichum quidem petendo pacti exceptio mihi opponetur, alium autem hominem si petam, recte agam.

D. 2, 14, 27, 8

Item si pactus, ne hereditatem peterem, singulas res ut heres petam: ex eo, quod pactum erit, pacti conventi exceptio aptanda erit, quemadmodum si convenerit, ne fundum peterem, et usum fructum petam, aut ne navem aedificiumve peterem, et dissolutis his singulas res petam: nisi specialiter aliud actum est.

D. 2, 14, 27, 6

如果你通过要式口约向我允诺给付 10【金币】或者史蒂古，我缔结简约约定【不起诉请求】这 10【金币】，但是之后我请求【给付】史蒂古或者 10【金币】，可以使用该简约抗辩对抗我的全部请求。因为就像通过履行，或者通过诉讼的实施，或者通过仅对【债的】唯一客体予以正式免除，使得整个债都被消灭。然而，如果我们之间约定的是向我给付史蒂古而不是 10【金币】，我就可以实际起诉请求给付史蒂古，而【债务人】不能用任何抗辩来对抗我。反之，如果约定的是不请求交付史蒂古，情况也是一样。

D. 2, 14, 27, 7

然而，如果你欠我的是一个仅仅确定了其所属的种类的人，而我缔结简约约定不请求【给付】史蒂古，当我实际请求交付史蒂古时，可以用简约抗辩来对抗我【的请求】。相反，如果我请求的是另外一个人，则可以有效地开展该诉讼。

D. 2, 14, 27, 8

类似地，如果我已经缔结了简约约定不提起要求继承之诉，【之后】又以继承人身份提起诉讼主张个别的遗产物，应当按照约定适用简约抗辩。在达成约定我不起诉要求【给付】土地后【却】主张用益权，或者【约定】不请求【给付】一艘船或者一栋建筑，而在其毁损之后请求它单独的一些材料的情形也是同样，【也适用相同的规则处理】，除非特别作了相反的约定。

D. 2, 14, 27, 9

Si acceptilatio inutilis fuit, tacita pactione id actum videtur, ne peteretur.

D. 2, 14, 27, 10

Servus hereditarius heredi post adituro nominatim pacisci non potest, quia nondum is dominus sit: sed si in rem pactum conventum factum sit, heredi adquiri potest.

D. 2, 14, 28pr. *Gaius libro primo ad edictum provinciale*

Contra iuris civilis regulas pacta conventa rata non habentur: veluti si pupillus sine tutoris auctoritate pactus sit, ne a debitore suo peteret, aut ne intra certum tempus veluti quinquennium peteret: nam nec solvi ei sine tutoris auctoritate potest. ex diverso autem si pupillus paciscatur, ne quod debeat a se peteretur, ratum habetur pactum conventum: quia meliorem condicionem suam facere ei etiam sine tutoris auctoritate concessum est.

D. 2, 14, 28, 1

Si curator furiosi aut prodigi pactus sit, ne a furioso aut prodigo peteretur, longe utile est curatoris recipi pactiones: sed non contra.

D. 2, 14, 27, 9

无论【对债务的】正式免除【因何种原因】无效，似乎均应作为一项默示订立的简约，约定不得再提起诉讼请求【履行该债务】。

D. 2, 14, 27, 10

作为遗产的奴隶不能以之后将接受【遗产】继承的继承人的名义缔结简约，因为后者尚未成为他的主人。但是如果该简约是对物的，则继承人可以享有该【简约】抗辩。

D. 2, 14, 28pr. 盖尤斯：《行省告示评注》第1卷

违反市民法规定所缔结的简约不被裁判官所保护。例如，就像在被监护人没有获得监护人的同意缔结简约时，约定不向他的债务人提起诉讼，或者在某个特定的时间段内，例如五年，不【向他的债务人提起诉讼的情形】，因为没有监护人的批准也不能对他进行履行。相反，如果被监护人缔结简约约定不向他提起诉讼请求履行债务，该简约被认为是有效的，因为即使没有监护人的同意，他也被允许进行使他的状况更好的行为。

D. 2, 14, 28, 1

如果精神病人或者浪费人的保佐人缔结简约，约定不向该精神病人或者浪费人提起诉讼，承认保佐人订立的该简约是非常有益的，但是反之则不然。

D. 2, 14, 28, 2

Si filius aut servus pactus sit, ne ipse peteret, inutile est pactum. si vero in rem pacti sunt, id est ne ea pecunia peteretur, ita pactio eorum rata habenda erit adversus patrem dominumve, si liberam peculii administrationem habeant et ea res, de qua pacti sint, peculiaris sit. quod et ipsum non est expeditum: nam cum verum est, quod Iuliano placet, etiamsi maxime quis administrationem peculii habeat concessam, donandi ius eum non habere: sequitur ut, si donandi causa de non petenda pecunia pactus sit, non debeat ratum haberi pactum conventum. quod si pro eo ut ita pacisceretur aliquid, in quo non minus vel etiam amplius esset, consecutus fuerit, rata habenda est pactio.

D. 2, 14, 29 *Ulpianus libro quarto ad edictum*

Sin autem dominicam pecuniam crediderit, quod credendi tempore pactus est valere Celsus ait.

D. 2, 14, 30pr. *Gaius libro primo ad edictum provinciale*

In persona tamen filii familias videndum est, ne aliquando et si pactus sit ne ageret, valeat pactio: quia aliquando filius familias habet actionem, veluti iniuriarum. sed cum propter iniuriam filio factam habeat et pater actionem, quin pactio filii nocitura non sit patri agere volenti, dubitari non oportet.

第十四章 关于简约

D. 2, 14, 28, 2

如果儿子或者奴隶缔结了简约，约定他们本人将不提起诉讼，该简约无效。相反，如果他们订立的是一个对物的简约，即该笔金钱将不能够被提起诉讼请求，只有当他们能够自由管理其特有产，并且该简约约定的客体物是特有产的一部分时，他们【缔结的】简约才能够有效地对抗其父亲或者主人。这一点也并非没有疑问。的确，尤里安认为，即使那些被给予了对其特有产最广泛的管理权的人也不享有赠与的权利，因此，如果是基于赠与的名义缔结简约，约定不起诉请求该笔款项，该简约应当被认定为无效。相反，如果是基于与该简约进行交换，给付了某些与其价值相同或者更高价值的东西，则该简约应当被认定为有效。

D. 2, 14, 29 乌尔比安：《告示评注》第 4 卷

如果【奴隶】将主人的一笔金钱借贷给他人，杰尔苏认为，他在借贷当时所缔结的简约有效。

D. 2, 14, 30pr. 盖尤斯：《行省告示评注》第 1 卷

然而，涉及处于家父权支配下的家子本身则应当视情形而定，即使他已经缔结简约约定他不提起诉讼，有时候该简约约定有效，因为有时候处于支配权之下的家子享有诉权，例如对侵辱行为的诉权。但是，因为涉及对家子实施的侵辱行为家父也享有诉权，不应当有疑问的是，家子缔结的简约不应当损害想要提起诉讼的家父【的诉权】。

D. 2, 14, 30, 1

Qui pecuniam a servo stipulatus est, quam sibi Titius debebat, si a Titio petat, an exceptione pacti conventi summoveri et possit et debeat, quia pactus videatur, ne a Titio petat, quaesitum est. Iulianus ita summovendum putat, si stipulatori in dominum istius servi de peculio actio danda est, id est si iustam causam intercedendi servus habuit, quia forte tantandem pecuniam Titio debuit: quod si quasi fideiussor intervenit, ex qua causa in peculium actio non daretur, non esse inhibendum creditorem, quo minus a Titio petat: aeque nullo modo prohiberi eum debere, si eum servum liberum esse credidisset.

D. 2, 14, 30, 2

Si sub condicione stipulatus fuerim a te, quod Titius mihi pure deberet: an deficiente condicione si a Titio petam, exceptione pacti conventi et possim et debeam summoveri? et magis est exceptionem non esse opponendam.

D. 2, 14, 31 *Ulpianus libro primo ad edictum aedilium curulium*

Pacisci contra edictum aedilium omnimodo licet, sive in ipso negotio venditionis gerendo convenisset, sive postea.

D. 2, 14, 30, 1

产生的问题是，如果某人和奴隶缔结要式口约，【让奴隶】允诺【给付】蒂兹奥欠他的金额，如果他之后向蒂兹奥主张该金额，因为考虑到他已经缔结了简约约定不向蒂兹奥要求该笔金钱，是否能够和应当用简约抗辩拒绝他？尤里安认为，在这种情形下，如果向他提起针对奴隶主人的特有产之诉，缔结要式口约【的债权人】应当被拒绝，也即如果该奴隶有正当原因承担该债务，例如因为他也对蒂兹奥负有同样金额的金钱债务。相反，如果该奴隶加入是想要作为保证人，基于这一原因将不会在特有产范围内赋予他诉权，【作为其结果，】不应当禁止债权人向蒂兹奥请求履行债务。同样地，如果债权人已经相信该奴隶是个自由人，也不应当以任何方式阻碍他对蒂兹奥提起诉讼。

D. 2, 14, 30, 2

如果已经让你向我作出附条件的承诺，蒂兹奥单方面简单地对我负债，当之后该条件没有实现时，我向蒂兹奥主张债权，是否能够或者应当能够用简约抗辩拒绝我？可赞同的观点是，该抗辩不被反对。

D. 2, 14, 31 乌尔比安：《贵族营造司告示评注》第1卷

无论如何，不论是在谈判一笔买卖的过程中还是之后，达成一致约定，缔结与贵族营造司的告示规定相反的简约都是允许的。

D. 2, 14, 32 *Paulus libro tertio ad Plautium*

Quod dictum est, si cum reo pactum sit, ut non petatur, fideiussori quoque competere exceptionem: propter rei personam placuit, ne mandati iudicio conveniatur. igitur si mandati actio nulla sit, forte si donandi animo fideiusserit, dicendum est non prodesse exceptionem fideiussori.

D. 2, 14, 33 *Celsus libro primo digestorum*

Avus neptis nomine, quam ex filio habebat, dotem promisit et pactus est, ne a se neve a filio suo dos peteretur. si a coherede filii dos petatur, ipse quidem exceptione conventionis tuendus non erit, filius vero exceptione conventionis recte utetur. quippe heredi consuli concessum est nec quicquam obstat uni tantum ex heredibus providere si heres factus sit, ceteris autem non consuli.

D. 2, 14, 34 *Modestinus libro quinto regularum*

Ius adgnationis non posse pacto repudiari, non magis quam ut quis dicat nolle suum esse, Iuliani sententia est.

D. 2, 14, 32 保罗：《普劳提评注》第 3 卷

那些已经说过的，即如果与债务人缔结了简约约定不要求履行，保证人也可以享有该抗辩，这被认为是对的【，因为是】为债务人本人的利益而作的规定，因为这样他之后才不会被提起委托之诉。因此，如果不存在某个委托之诉，例如某人基于自由精神提供了保证，应当说，该保证人不应当享有此抗辩。

D. 2, 14, 33 杰尔苏：《学说汇纂》第 1 卷

祖父以他儿子的女儿，即他孙女的名义庄严地允诺了一笔嫁资，并缔结简约约定既不会向他本人，也不会向他的儿子主张该笔嫁资。如果儿子的共同继承人被主张该笔嫁资，他的确将不被简约抗辩所保护，而儿子则可以正确地利用该抗辩，因为允许照顾继承人，并且不存在任何阻碍，这规定仅仅有利于其中一个继承人，一旦他变成继承人，就不用照顾其他【继承】人了。

D. 2, 14, 34 莫特斯丁：《规则集》第 5 卷

尤里安的观点是，不能够通过简约放弃亲属关系，也不能像某些人所说的那样能够终止成为某人的继承人。

D. 2, 14, 35 *Idem libro secundo responsorum*

Tres fratres Titius et Maevius et Seia communem hereditatem inter se diviserunt instrumentis interpositis, quibus divisisse maternam hereditatem dixerunt nihilque sibi commune remansisse caverunt. sed postea duo de fratribus, id est Maevius et Seia, qui absentes erant tempore mortis matris suae, cognoverunt pecuniam auream a fratre suo esse substractam, cuius nulla mentio instrumento divisionis continebatur. quaero an post pactum divisionis de subrepta pecunia fratribus adversus fratrem competit actio. Modestinus respondit, si agentibus ob portionem eius, quod subreptum a Titio dicitur, generalis pacti conventi exceptio his, qui fraudem a Titio commissam ignorantes transegerunt, obiciatur, de dolo utiliter replicari posse.

D. 2, 14, 36 *Proculus libro quinto epistularum*

Si cum fundum meum possides, convenisset mihi tecum, ut eius possessionem Attio traderes: vindicantem eum fundum a te non aliter me conventionis exceptione excludi debere, quam si aut iam tradidisses, aut si tua causa id inter nos convenisset et per te non staret quo minus traderes.

D. 2, 14, 37 *Papirius Iustus libro secundo de constitutionibus*

Imperatores Antoninus et Verus rescripserunt debitori rei publicae a curatore remitti [1] pecunias non posse et, cum Philippensibus remissae essent, revocandas.

---

[1] ○permitti⑥, vd. Mo. – Kr., nt. 6.

D.2, 14, 35 莫特斯丁：《解答集》第 2 卷

三兄弟：蒂兹奥、麦维奥和塞亚在他们之间分割一笔共同遗产，已经起草了文件宣称已经分割了母亲的遗产，并庄严宣告在他们之间没有留下任何共有财产。但是兄弟中的两个人，即麦维奥和塞亚，他俩在他们母亲去世当时不在，之后了解到他们的兄弟拿走了一笔金币，该笔金币在财产分割文件中没有任何内容提及。产生的问题是，在财产分割简约之后，两兄弟能否向另一个兄弟对他所拿走的金钱提起诉讼？莫特斯丁给出的解答是，如果他们已经达成和解，忽略蒂兹奥实施的欺诈行为，针对应当属于他们而确定被蒂兹奥拿走的部分提起诉讼，被以简约的一般抗辩对抗的，可以使用对其有益的欺诈答辩。

D.2, 14, 36 普罗库路斯：《书信集》第 5 卷

如果你占有了我的土地，我和你之间达成协议，约定你将对该土地的占有转移给阿兹尧：如果我要求你返还该土地，只有在要么你已经进行了该交付行为，要么我们之间为了你的利益协商一致，并且没有交付不是取决于你的原因时，才能够以基于该协议的抗辩拒绝我。

D.2, 14, 37 尤斯图斯：《敕令》第 2 卷

【马可·奥勒留·】安东尼奥和【卢奇·】维诺皇帝通过批复规定，照管人不能够对城邦共同体的某个债务人免除一笔金钱债务，对菲利普所欠金钱【债务】的免除行为应当被撤销。

D. 2, 14, 38 *Papinianus libro secundo quaestionum*

Ius publicum privatorum pactis mutari non potest.

D. 2, 14, 39 *Idem libro quinto quaestionum*

Veteribus placet pactionem obscuram vel ambiguam venditori et qui locavit nocere, in quorum fuit potestate legem apertius conscribere.

D. 2, 14, 40pr. *Idem libro primo responsorum*

Tale pactum 'profiteor te non teneri' non in personam dirigitur, sed cum generale sit, locum inter heredes quoque litigantes habebit.

D. 2, 14, 40, 1

Qui provocavit, pactus est intra diem certum pecunia, qua transegerat, non soluta iudicatis se satisfacturum: iudex appellationis nullo alio de principali causa discusso iustam conventionem velut confessi sequetur.

D. 2, 14, 40, 2

Post divisionem bonorum et aeris alieni singuli creditores a singulis heredibus non interpositis delegationibus in solidum, ut convenerat, usuras acceptaverunt: actiones, quas adversus omnes pro partibus habent, impediendae non erunt, si non singuli pro fide rei gestae totum debitum singulis offerant.

D.2,14,38 帕比尼安:《问题集》第 2 卷

公法不能够通过私人之间的简约被修改。

D.2,14,39 帕比尼安:《问题集》第 5 卷

早期的法学家认为,内容含混或书写不清的简约损害了出卖人以及出租人【的利益】,【因为】他们有权重新制定更加清晰明确的合同规则。

D.2,14,40pr. 帕比尼安:《解答集》第 2 卷

该简约规定:"我承认你对我不承担债务"不是对人的,而是在一般意义上,当在继承人之间发生争议时,也可以适用于他们之间。

D.2,14,40,1

提出上诉的人缔结简约约定,如果没能在一定期限内支付和解约定的数额,将要支付一审判决中规定的数额:上诉审的审判员不用审查原案件的任何其他方面,将遵照他们正确约定的内容,就如同已经存在供认。

D.2,14,40,2

在对【作为遗产的】财产和全部债务进行分割之后,正如所达成的协议约定的,单个的债权人从单个的继承人那里接受欠他们【其中任何一人】的利息总额,尽管【这些继承人之间】并没有【共同对他】进行委派;如果之后单个的继承人,基于对已经履行的事实的信任,没有向每一位债权人偿还完全部债务,后者对于全部继承人享有的按份之债的诉讼不应当被抗辩所对抗。

D. 2, 14, 40, 3

Pater, qui dotem promisit, pactus est, ut post mortem suam in matrimonio sine liberis defuncta filia portio dotis apud heredem suum fratrem remaneret. ea conventio liberis a socero postea susceptis et heredibus testamento relictis per exceptionem doli proderit, cum inter contrahentes id actum sit, ut heredibus consulatur et illo tempore, quo pater alios filios non habuit, in fratrem suum iudicium supremum contulisse videatur.

D. 2, 14, 41 *Idem libro undecimo responsorum*

'Intra illum diem debiti partem mihi si solveris, acceptum tibi residuum feram et te liberabo'. licet actionem non habet, pacti tamen exceptionem competere debitori constitit.

D. 2, 14, 42 *Idem libro septimo decimo responsorum*

Inter debitorem et creditorem convenerat, ut creditor onus tributi praedii pignerati non adgnosceret, sed eius solvendi necessitas debitorem spectaret. talem conventionem quantum ad fisci rationem non esse servandam respondi: pactis etenim privatorum formam iuris fiscalis convelli non placuit.

D. 2, 14, 43 *Paulus libro quinto quaestionum*

In emptionibus scimus, quid praestare venditor[1] debeat quidque ex contrario emptor: quod si in contrahendo aliquid exceptum fuerit, id servari debebit.

---

[1] Ο debitor⑥, vd. Mo. – Kr. , nt. 11.

D.2,14,40,3

庄严承诺了嫁资的父亲缔结简约约定，如果在他死后，女儿在婚姻存续期间死亡，没有留下子嗣，一定份额的嫁资留给作为继承人的他的兄弟。如果女儿的公公之后有了后代，遗嘱确定的继承人也将可以通过欺诈抗辩利用该协议，因为缔约人之间商定了提供该协议给继承人享有，还因为当时父亲没有其他子女，显然他会使他最后的意愿有利于他的兄弟。

D.2,14,41 帕比尼安：《解答集》第11卷

"如果在那一天内，你支付了我该笔债务的这一部分，我将庄严地免除你剩下的部分，你将获得解脱。"【基于这样一个简约，】尽管债务人不享有诉权，但是允许他实施简约抗辩。

D.2,14,42 帕比尼安：《解答集》第17卷

在债务人与债权人之间达成协议，约定债权人不承担被抵押土地的税负，该履行需要由债务人承担。我已经给出了解答，基于税收相关的理由，这样一种协议不应当被遵守，因为通过私人简约推翻税法的规定是不恰当的。

D.2,14,43 保罗：《问题集》第5卷

在买卖合同中，我们知道出卖人应当给付什么，以及相反的，买受人应当给付什么：如果在缔结合同过程中有什么被特别排除了的，这一约定应当被遵守。

D. 2, 14, 44 Scaevola libro quinto responsorum

Cum in eo esset pupillus, ut ab hereditate patris abstineretur, tutor cum plerisque creditoribus decidit, ut certam portionem acciperent: idem curatores cum aliis fecerunt. quaero, an et tutor idemque creditor patris eandem portionem retinere debeat. respondi eum tutorem, qui ceteros ad portionem vocaret, eadem parte contentum esse debere.

D. 2, 14, 45 Hermogenianus libro secundo iuris epitomarum

Divisionis placitum nisi traditione vel stipulatione sumat effectum, ad actionem, ut nudum pactum, nulli prodesse poterit.

D. 2, 14, 46 Tryphoninus libro secundo disputationum

Pactum inter heredem et legatarium factum, ne ab eo satis accipiatur, cum in semestribus relata est constitutio divi Marci servari in hoc quoque defuncti voluntatem, validum esse constat. nec a legatario remissa heredi satisdatio per pactionem ex paenitentia revocari debet, cum liceat sui iuris persecutionem aut spem futurae perceptionis deteriorem constituere.

第十四章 关于简约

D. 2, 14, 44 谢沃拉：《解答集》第 5 卷

当被监护人处于能够放弃父亲的遗产的情形时，监护人与大部分债权人商定接受他们债权中的一定份额：照管人和其他人也达成同样的协议。产生的问题是，是否监护人，他同时也是父亲的债权人，自己应当取得同样的份额？我的解答是，该监护人为了【让他们】取得一定份额已经召集其他人，所以应当让他得到同样的部分。

D. 2, 14, 45 赫尔摩格尼：《【私】法摘要》第 2 卷

单纯关于分割财产的协议，除非通过交付或者要式口约获得效力，作为裸体简约，不能够基于【提起】诉讼的目的为任何人利用。

D. 2, 14, 46 特里芬尼鲁斯：《论断集》第 2 卷

继承人与受遗赠人之间缔结简约约定，继承人不提供保证人，该简约当然是有效的，因为在每半年出一次的文集中记载的圣·马可【·奥勒留】的谕令规定了，死者的意愿在这种情形下也被遵守。受遗赠人因为改变想法，通过简约免除继承人提供担保，该免除不能够被撤销，因为通过一个简约只是导致其权利的实现条件恶化，或者使其将来获得满足的希望变得渺茫，这是合法的。

D. 2, 14, 47 pr. *Scaevola libro primo digestorum*

Emptor praedii viginti caverat se soluturum et stipulanti spoponderat: postea venditor cavit sibi convenisse, ut contentus esset tredecim et ut ea intra praefinita tempora acciperet: debitor ad eorum solutionem conventus pactus est, si ea soluta intra praefinitum tempus non essent, ut ex prima cautione ab eo petitio esset. quaesitum est an, cum posteriore pacto satisfactum non sit, omne debitum ex prima cautione peti potest. respondi secundum ea, quae proponerentur, posse.

D. 2, 14, 47, 1

Lucius Titius Gaium Seium mensularium, cum quo rationem implicitam habebat propter accepta et data, debitorem sibi constituit et ab eo epistulam accepit in haec verba: ' Ex ratione mensae, quam mecum habuisti, in hunc diem ex contractibus plurimis remanserunt apud me ad mensam meam trecenta octaginta sex et usurae quae competierint. summam aureorum, quam apud me tacitam habes, refundam tibi. si quod instrumentum a te emissum, id est scriptum, cuiuscumque summae ex quacumque causa apud me remansit, vanum et pro cancellato habebitur. ' quaesitum est, cum Lucius Titius ante hoc chirographum Seio nummulario mandaverat, uti patrono eius trecenta redderet, an propter illa verba epistulae, quibus omnes cautiones ex quocumque contractu vanae et pro cancellato ut haberentur cautum est, neque ipse neque filii eius eo nomine conveniri possunt. respondi, si tantum ratio accepti atque expensi esset computata, ceteras obligationes manere in sua causa.

D. 2, 14, 47pr. 谢沃拉:《学说汇纂》第 1 卷

一块土地的买受人在一个文件中作出允诺将支付20【金币】，并对要式口约人作出了符合程式的允诺；之后，出卖人在一个文件中写到了与他达成协议，【即】买受人将支付他13【金币】，他将在预先规定的某一期间内接受该笔【金币】；因为该13【金币】的给付而被起诉的债务人缔结简约约定，如果该笔金额在约定的【某个新的】期间内没有支付，将基于前一个允诺提起【诉讼】请求。向我提出的问题是，如果这最后一个简约没有被履行，能否基于第一个允诺请求履行整个债务？我的解答是，根据双方所约定的，是可能的。

D. 2, 14, 47, 1

卢奇奥·蒂兹奥指定钱庄老板盖尤斯·塞亚在某一不得延展的期限内作为自己的债务人，与其存在关于"支出"和"收入"的一整套账目，并从他那里收到一封信，信里这样写道："基于你与我之间的多个合同，你的钱庄账户显示到今天为止，你在我的钱庄剩下的总额是386【金币】及相关的利息。我将归还没有在账目上记载的、你放在我这儿的金币数量。如果你在我这里留下了任何由你签发的文件，即因任何原因所欠任何数额的字据都将被视为不具有效力，并作为被废除的【文件】。"向我提出的问题是，如果在该亲笔字据之前，卢奇奥·蒂兹奥已经委托钱庄老板塞亚给他的庇主300【金币】，因为这封信中的那些话，其中规定基于任何合同的每一份文件都被视为无效并被废除，塞亚本人以及他的子女都不能够因为这一事项而被起诉。我作出的解答是，如果他仅仅提及了关于"支出"和"收入"的账户，其他那些债基于它们的原因则仍然存在。

D. 2, 14, 48 *Gaius libro tertio ad legem duodecim tabularum*

In traditionibus rerum quodcumque pactum sit, id valere manifestissimum est.

D. 2, 14, 49 *Ulpianus libro trigensimo sexto ad Sabinum*

Si quis crediderit pecuniam et pactus sit ut, quatenus facere possit debitor, eatenus agat: an pactum valeat? et magis est hoc pactum valere. nec enim improbum est, si quis hactenus desideret conveniri, quatenus facultates patiuntur.

D. 2, 14, 50 *Idem libro quadragensimo secundo ad Sabinum*

Non impossibile puto in contractibus depositi, commodati et locati et ceteris similibus hoc pactum: ' ne facias furem vel fugitivum servum meum', hoc est: ne sollicites ut fur fiat, ut fugitivus fiat: ne ita neglegas servum, ut fur efficiatur. sicut enim servi corrupti actio locum habet, ita potest etiam haec pactio locum habere, quae ad non corrumpendos servos pertinet.

第十四章 关于简约

D. 2, 14, 48 盖尤斯：《十二表【法】评注》第 3 卷

显而易见，所有那些在实行【让渡性的】交付物的行为时缔结的简约都是有效的。

D. 2, 14, 49 乌尔比安：《萨宾评注》第 36 卷

如果某人借出一些钱币，并约定在债务人可能履行的范围内起诉，该简约有效吗？较为可取的观点是认为该简约有效。的确，如果某人愿意在他的财产能力能够对债权人履行的范围内被提起诉讼，这不应当受到责备。

D. 2, 14, 50 乌尔比安：《萨宾评注》第 42 卷

我不认为在寄存、消费借贷、租赁等合同以及其他类似合同中不能缔结这样的简约："你不使我的奴隶变成小偷或者逃跑者"，即你不能促使他变成小偷或者变成逃跑者，你不能忽视不管该奴隶以致他变成小偷。就像事实上，关于奴隶腐败的诉成立，因此，这个意在不使奴隶腐化堕落的简约也可以成立。

D. 2, 14, 51pr. *Idem libro vicensimo sexto ad edictum*

Si cum te ex causa legati debere pacisci debitori tuo existimas, pactus sis[1], ne ab eo peteres: neque iure ipso liberatur debitor neque petentem summovebit exceptione conventionis, ut Celsus libro vicensimo scribit.

D. 2, 14, 51, 1

Idem eodem loco scribit, si debitorem tuum iussisti solvere Titio, cui legatum falso debere existimas, et debitor pactus sit cum Titio suo debitor constituto: neque tibi adversus tuum debitorem neque ipsi adversus suum actionem peremptam.

D. 2, 14, 52pr. *Idem libro primo opinionum*

Epistula, qua quis coheredem sibi aliquem esse cavit, petitionem nullam adversus possessores rerum hereditariarum dabit.

D. 2, 14, 52, 1

Si inter debitorem et eum, qui fundum pigneratum a creditore quasi debitoris negotium gereret emerit, placuit ut habita compensatione fructuum solutoque, quod reliquum deberetur, fundus debitori restitueretur: etiam heres pacto, quod defunctus fecit, fidem praestare debet.

---

[1] Osit⑥, vd. Mo. – Kr., nt. 17.

D. 2, 14, 51pr. 乌尔比安：《告示评注》第 26 卷

如果你以为因为遗赠而必须与你的债务人缔结简约，你通过简约规定将不会向他主张该债权，如同杰尔苏在第 20 卷中写道的，该债务人既不能依法从该债务中解脱出来，也不能适用基于该协议的抗辩拒绝主张权利的人。

D. 2, 14, 51, 1

同样也是杰尔苏在同一个地方写道，如果你已经命令你的债务人向蒂兹奥履行，因为你错误地以为蒂兹奥基于某个遗赠对他负债，并且你的债务人与作为他的在某个不得延展的期限内的债务人蒂兹奥缔结了一项【抵销的】简约，既不消灭你对你的债务人的诉，也不消灭后者对他的债务人的诉。

D. 2, 14, 52pr. 乌尔比安：《意见集》第 1 卷

某人在信中承诺另外一个人是他的共同继承人，【这封信】不产生对遗产物占有人的任何诉。

D. 2, 14, 52, 1

如果债务人与从债权人处——如同是为债务人【利益】管理该事物——购买作为质押物的土地的买受人之间缔结简约约定，用土地出产物进行抵销，并支付剩下的债务，土地归还给债务人，【买受人的】继承人也应当遵守由已故的人所缔结的该简约。

D. 2, 14, 52, 2

Pactum, ut, si quas summas propter tributiones praedii pignori nexi factas creditor solvisset, a debitore reciperet, et ut tributa eiusdem praedii debitor penderet, iustum ideoque servandum est.

D. 2, 14, 52, 3

De inofficioso patris testamento acturis, ut eis certa quantitas, quoad viveret heres, praestaretur, pactus est: produci ad perpetuam praestationem id pactum postulabatur: rescriptum est neque iure ullo neque aequitate tale desiderium admitti.

D. 2, 14, 53 *Idem libro quarto opinionum*

Sumptus quidem prorogare litiganti honestum est: pacisci autem, ut non quantitas eo nomine expensa cum usuris licitis restituatur, sed pars dimidia eius, quod ex ea lite datum erit, non licet.

D. 2, 14, 54 *Scaevola apud Iulianum libro vicensimo secundo digestorum notat*

Si pactus sim, ne Stichum, qui mihi debebatur, petam: non intellegitur mora mihi fieri mortuoque Sticho puto non teneri reum, qui ante pactum moram non fecerat.

第十四章 关于简约

D. 2, 14, 52, 2

约定债权人将向债务人追偿他所支付的抵押土地的税款,以及债务人支付该土地的税款的简约是正当的,因而应当被遵守。

D. 2, 14, 52, 3

【遗嘱继承人】缔结简约约定,为有利于那些打算提出异议主张家父的遗嘱无效的人,提供一定数额的给付,直到他生命终结为止:【有人】主张该简约能够产生永久给付:批复已经规定了,无论是根据法律还是基于公平,这样的要求都是不能被允许的。

D. 2, 14, 53 乌尔比安:《意见集》第 4 卷

答应诉讼当事人延期支付费用是正派的;相反,约定被退还的不是该事由的费用数额及其合法利息,而是从该争讼中获得的金额的一半的简约则是不合法的。

D. 2, 14, 54 谢沃拉在注解尤里安的《学说汇纂》第 22 卷的时候说

如果我已经缔结简约约定,不起诉请求【履行】对我负有的给付史蒂古的义务,不认为存在【债务人】对我的履行迟延,并且我认为,如果史蒂古死亡,债务人也不应当被视为【还】承担【债务】,因为在该简约之前没有陷入迟延。

D. 2, 14, 55 *Iulianus libro trigensimo quinto digestorum*

Si debitor sit fructuarius et paciscatur servus, in quo usum fructum habet, ne ab eo petatur: paciscendo meliorem condicionem eius facit. item si creditor esset fructuarius et pactus esset, ne peteret, servus autem fructuarius pacisceretur, ut peteret: beneficio pacti, quod servus interposuisset, utiliter ad petitionem admittetur.

D. 2, 14, 56 *Idem libro sexto ad Minicium*

Si convenerit, ne dominus a colono quid peteret, et iusta causa conventionis fuerit: nihilo minus colonus a domino petere potest.

D. 2, 14, 57pr. *Florentinus libro octavo institutionum*

Qui in futurum usuras a debitore acceperat, tacite pactus videtur, ne intra id tempus sortem petat.

D. 2, 14, 57, 1

Si ex altera parte in rem, ex altera in personam pactum conceptum fuerit, veluti ne ego petam vel ne a te petatur: heres meus ab omnibus vobis petitionem habebit et ab herede tuo omnes petere poterimus.

第十四章 关于简约

D. 2, 14, 55 尤里安:《学说汇纂》第 35 卷

如果债务人是用益权人,对于某个奴隶拥有用益权。该奴隶缔结简约约定不对他提起诉讼,并约定使用益权人的状况得到改善。同样地,如果用益权人是债权人,并且已经约定不提起诉讼,而之后被用益的奴隶则约定提起诉讼,根据该奴隶提出的简约所约定的,用益权人将被允许提起扩用之诉。

D. 2, 14, 56 尤里安:《米尼丘斯评注》第 6 卷

当达成协议约定所有权人不向佃农请求任何事情,这种协议存在一个正当的原因,然而,佃农可以对所有权人提出自己的主张。

D. 2, 14, 57pr. 弗罗伦丁:《法学阶梯》第 8 卷

从债务人那里提前接收利息的人,应当视为他已经默示约定在相应的时间内不主张本金金额。

D. 2, 14, 57, 1

一个简约的一部分视为是对物的,另一部分是对人的,例如我不提起诉讼或者不向你提起诉讼,我的继承人将可能向你们所有人提起【诉讼】,而我们都可以向你的继承人提起【诉讼】。

D. 2, 14, 58 *Neratius libro tertio membranarum*

Ab emptione venditione, locatione conductione ceterisque similibus obligationibus quin integris omnibus consensu eorum, qui inter se obligati sint, recedi possit, dubium non est. Aristoni hoc amplius videbatur, si ea, quae me ex empto praestare tibi oporteret, praestitissem et cum tu mihi pretium deberes, convenisset mihi tecum, ut rursus praestitis mihi a te in re vendita omnibus, quae ego tibi praestitissem, pretium mihi non dares tuque mihi ea praestitisses: pretium te debere desinere, quia bonae fidei, ad quam omnia haec rediguntur, interpretatio hanc quoque conventionem admittit. nec quicquam interest, utrum integris omnibus, in quae obligati essemus, conveniret, ut ab eo negotio discederetur, an in integrum restitutis his, quae ego tibi praestitissem, consentiremus, ne quid tu mihi eo nomine praestares. illud plane conventione, quae pertinet ad resolvendum id quod actum est, perfici non potest, ut tu quod iam ego tibi praestiti contra praestare mihi cogaris: quia eo modo non tam hoc agitur, ut a pristino negotio discedamus, quam ut novae quaedam obligationes inter nos constituantur.

D. 2, 14, 59 *Paulus libro terio regularum*

Per quos adquiri nobis stipulatione potest, per eosdem etiam pactis conventis meliorem condicionem nostram fieri posse placet.

D.2,14,58 内拉蒂:《羊皮纸文稿》第3卷

毫无疑问，在买卖、租赁以及其他类似的债务关系中，只要尚未开始履行，基于缔约双方的合意可以解除债务关系。如果我作为出卖人已经按照买卖合同的约定履行了我应为的给付，而你应当向我支付价款时，若我们之间达成协议约定，如果你归还了我在物的出售合同中已经向你履行的所有这些给付，你就不必再向我支付价款，而【在这种情况下】你向我履行了那些给付。阿里斯佐对此作了更进一步的解释：你将不再承担支付价金的债务，因为所有这些都应当遵循诚实信用，诚信解释使得这一协议也是可以被允许的。至于是在尚未开始履行我们应为的给付时，我们商定撤回合同；还是在你返还我已交付的物品后，我们达成协议你不再基于该合同对我负有任何【债务】，这并不重要。然而，显然这一旨在解除已实施【的合同】的协议不能迫使你向我归还我已经履行的给付：因为这样旨在实现的就不是撤回之前的合同，而是在我们之间设立新的债务关系了。

D.2,14,59 保罗:《规则集》第3卷

借助这些人，能够通过要式口约帮我们取得某物，同样也能够通过简约改善我们的处境。

D. 2, 14, 60 *Papirius Iustus libro octavo constitutionum*

Imperator Antoninus Avidio Cassio rescripsit, si creditores parati sint partem ex bonis licet ab extraneo consequi, rationem habendam prius necessariarum personarum, si idoneae sint.

D. 2, 14, 61 *Pomponius libro nono ad Sabinum*

Nemo paciscendo efficere potest, ne sibi locum suum dedicare liceat aut ne sibi in suo sepelire mortuum liceat aut ne vicino invito praedium alienet.

D. 2, 14, 62 *Furius Anthianus libro primo ad edictum*

Si reus, postquam pactus sit a se non peti pecuniam ideoque coepit id pactum fideiussori quoque prodesse, pactus sit ut a se peti liceat: an utilitas prioris pacti sublata sit fideiussori, quaesitum est. sed verius est semel adquisitam fideiussori pacti exceptionem ulterius ei invito extorqueri non posse.

D.2,14,60 尤斯图斯:《敕令》第8卷

【马可·奥勒留·】安东尼奥皇帝通过对阿维德·卡西奥的批复规定,如果债权人同意从甚至是外人的财产那里接受他们【的债权】的某一份额,【相对于他们,】应当首先考虑亲属【提供的】给付,只要他们具有清偿能力。

D.2,14,61 彭波尼:《萨宾评注》第9卷

任何人都不能通过简约约定,不允许他将他享有所有权的地方献给【神明】,或者不允许他将某个死者埋葬在那里,或者不允许他违反邻居的意愿转让某块土地。

D.2,14,62 福流斯·安提亚鲁斯:《部分告示评注》第1卷

如果债务人缔结了一个简约,约定不向他请求一笔金钱,因此,债的保证人也已经可以开始利用这种简约,之后又订立简约同意向他提起诉讼请求他【履行债务】,产生的问题是,对于债的保证人而言,前一个简约的好处就消灭了吗?然而似乎更符合现实的是,一旦债的保证人获得了简约抗辩,之后就不可能违反其意愿剥夺他行使该抗辩的权利。

XV
DE TRANSACTIONIBUS

D. 2, 15, 1 *Ulpianus libro quinquagensimo ad edictum*

Qui transigit, quasi de re dubia et lite incerta neque finita transigit. qui vero paciscitur[1] donationis causa rem certam et indubitatam liberalitate remittit.

D. 2, 15, 2 *Idem libro septuagensimo quarto ad edictum*

Transactum accipere quis potest non solum, si Aquiliana stipulatio fuerit subiecta, sed et si pactum conventum fuerit factum.

D. 2, 15, 3pr. *Scaevola libro primo digestorum*

Imperatores Antoninus et Verus ita rescripserunt: ' Privatis pactionibus non dubium est non laedi ius ceterorum. quare transactione, quae inter heredem et matrem defuncti facta est, neque

---

[1] [,], vd. ed. Mil.

第十五章
关于和解

D.2,15,1 乌尔比安:《告示评注》第50卷

人们达成一个和解,对于有疑义的事物以及不确定的且尚未结束的纠纷进行妥协。相反,人们缔结一个基于赠与原因的简约,慷慨地使其处于确定的和无疑义【的状态】。

D.2,15,2 乌尔比安:《告示评注》第74卷

可以理解的是,不仅依据某个阿奎里要式口约可以达成一个和解,而且缔结一个【单纯的】简约,也可以达成一个和解。

D.2,15,3pr. 谢沃拉:《学说汇纂》第1卷

【马可·奥勒留·】安东尼奥皇帝和【卢奇·】维诺皇帝采用批复规定:"无疑,私人之间的约定不能损害第三人的权利。因此,继承人与死者的母亲之间达成的和解既不能废除遗嘱,也不能剥夺遗嘱解放的奴隶以及受遗赠人各自享有的诉权。因此,基于遗嘱起诉请求任何物,都应当对【遗

testamentum rescissum videri potest[1] neque manumissis vel legatariis actiones suae ademptae. quare quidquid ex testamento petunt, scriptum heredem convenire debent: qui in transactione hereditatis aut cavit sibi pro oneribus hereditatis, aut si non cavit, non debet neglegentiam suam ad alienam iniuriam referre. '

D. 2, 15, 3, 1

Cum transactio propter fideicommissum facta esset et postea codicilli reperti sunt: quaero, an quanto minus ex transactione consecuta mater defuncti fuerit quam pro parte sua est, id ex fideicommissi causa consequi debeat. respondit debere.

D. 2, 15, 3, 2

Debitor, cuius pignus creditor distraxit, cum Maevio, qui se legitimum creditoris heredem esse iactabat, minimo transegit: postea testamento prolato Septicium heredem esse apparuit. quaesitum est, si agat pigneraticia debitor cum Septicio, an is uti possit exceptione transactionis factae cum Maevio, qui heres eo tempore non fuerit: possitque Septicius pecuniam, quae Maevio ut heredi a debitore numerata est, condictione repetere, quasi sub praetextu hereditatis acceptam. respondit secundum ea quae proponerentur non posse, quia neque cum eo ipse transegit nec negotium Septicii Maevius gerens accepit.

---

[1] Oposse⑥, vd. Mo. – Kr. , nt. 2.

嘱中】提到的继承人提起诉讼。缔结关于遗产的和解协议的继承人应当对遗产上存在的负担提供担保，如果他没有提供担保，则不能够因为自己的疏忽而侵害其他人的权利。"

D. 2, 15, 3, 1

在就一项遗产信托达成和解之后，又找到一些遗嘱附书（*codicillus*），这产生的问题是，如果死者的母亲已经基于和解协议取得了比她基于遗赠信托应得份额少的遗产，那么【她】应当取得【在后来找到的遗嘱附书中她的那一部分吗】？【谢沃拉的】回答是：应当。

D. 2, 15, 3, 2

债务人提供的质押物被债权人转让了，债务人与曾经吹嘘自己是债权人合法继承人的麦维奥以最低的【价格】缔结了和解协议。之后订立的遗嘱显示继承人是赛迪乔。这产生的问题是，如果债务人向赛迪乔提起质押之诉，后者能否使用基于【债务人】与在达成和解时不是继承人的麦维奥之间缔结的和解协议产生的抗辩？赛迪乔能否通过请求给付之诉请求那笔债务人支付给作为继承人的麦维奥，如同他在遗产继承关系中所接受【的钱款】？【谢沃拉的】答复是，根据所提出的【事实】，他不能，因为既不是他本人与债务人缔结的和解协议，而且麦维奥接受【债务履行】也不是在为赛迪乔管理事务。

D. 2, 15, 4 *Ulpianus libro quadragensimo sexto ad Sabinum*

Aquiliana stipulatio omnimodo omnes praecedentes obligationes novat et peremit ipsaque peremitur per acceptilationem: et hoc iure utimur. ideoque etiam legata sub condicione relicta in stipulationem Aquilianam deducuntur.

D. 2, 15, 5 *Papinianus libro primo definitionum*

Cum Aquiliana stipulatio interponitur, quae ex consensu redditur, lites, de quibus non est cogitatum, in suo statu retinentur. liberalitatem enim captiosam interpretatio prudentium fregit.

D. 2, 15, 6 *Gaius libro septimo decimo ad edictum provinciale*

De his controversiis, quae ex testamento proficiscuntur, neque transigi neque exquiri veritas aliter potest quam inspectis cognitisque verbis testamenti.

D. 2, 15, 7pr. *Ulpianus libro septimo disputationum*

Et post rem iudicatam transactio valet, si vel appellatio intercesserit vel appellare potueris.

D. 2, 15, 7, 1

Si fideiussor conventus et condemnatus fuisset, mox reus transegisset cum eo, cui erat fideiussor condemnatus: an transactio

第十五章 关于和解

D. 2, 15, 4 乌尔比安：《萨宾评注》第 46 卷

阿奎里要式口约更新并完全消灭了之前的全部债务，并且该【要式口约】通过正式免除被消灭，这是我们所适用的法。因此，在阿奎里要式口约中也可以涉及附条件的遗赠。

D. 2, 15, 5 帕比尼安：《定义集》第 1 卷

当在合意基础上缔结了一个阿奎里要式口约【达成和解】时，没有考虑到的【所以没有包括的】争议就继续处于其状态。因为法学家的解释禁止对其作恣意的自由性的扩张。

D. 2, 15, 6 盖尤斯：《行省告示评注》第 17 卷

对某项遗嘱产生的争议，除非对该遗嘱的文字进行审查并理解，否则既不可能达成和解，也不可能探求到【关于遗嘱】的真意。

D. 2, 15, 7pr. 乌尔比安：《论断集》第 7 卷

即使在案件判决已经作出之后，如果对之已经提出上诉或者可以提出上诉，那么和解有效。

D. 2, 15, 7, 1

如果保证人被起诉并被判罚，之后主债务人立即与保证人被判罚的相对方缔结了一项和解协议，这产生的问题是，该和解协议有效吗？我认为有效，就好像向主债务人和保证

valeat quaeritur: et puto valere, quasi omni causa et adversus reum et adversus fideiussorem dissoluta. si tamen ipse fideiussor condemnatus transegit, etsi transactio non peremit rem iudicatam, tamen eo quod datum est relevari rem iudicatam oportet.

D. 2, 15, 7, 2

Usque adeo autem quod datum est etiamsi non proficit ad transactionem, extenuat tamen rem iudicatam, ut inde sit et dictum et rescriptum circa alimentorum transactionem citra praetoris auctoritatem factam, ut quod datum est proficiat ad alimenta: ita ut, si quid amplius ex causa alimentorum deberi potest, id praestetur, quod autem datum est, imputetur.

D. 2, 15, 8pr. *Idem libro quinto de omnibus tribunalibus*

Cum hi, quibus alimenta relicta erant, facile transigerent contenti modico praesenti: divus Marcus oratione in senatu recitata effecit, ne aliter alimentorum transactio rata esset, quam si auctore praetore facta. solet igitur praetor intervenire et inter consentientes arbitrari, an transactio vel quae admitti debeat.

D. 2, 15, 8, 1

Eiusdem praetoris notio ob transactionem erit, sive habitatio sive vestiarium sive de praediis alimentum legabitur.

人【提出请求的】任何原因都被消灭。但是，如果是被判罚的保证人本人缔结了一项和解，即使该和解没有废除判决，但是有必要使判处支付的总额扣除掉已经给付了的部分。

D. 2, 15, 7, 2
那些已经被给付的即使不能被视为和解【协议所包含的内容】，但仍然应当从被判处支付的额度中扣除。对此，关于没有裁判官的批准而就抚养费达成和解的一项批复中确认和规定，已经给付的应当被计入抚养费。因此，如果所欠的抚养费更多，他应当支付，但是对于那些已经给付的部分，应当纳入计算。

D. 2, 15, 8 pr. 乌尔比安：《论各种法院》第 5 卷
因为那些被遗留抚养费的人非常容易因为满足于立即到手的低廉的数额而达成和解，圣·马可【·奥勒留皇帝】在元老院发布诏书规定，除非获得裁判官的批准，关于抚养费的和解协议不发生效力。因此，裁判官常常介入正在缔结【和解】协议的人之间并且进行裁判，【决定】是否或者哪个【抚养费】和解应当被允许。

D. 2, 15, 8, 1
如果遗赠的是居住权、衣服或者土地上出产的食物，对和解的审查将由裁判官本人进行。

D. 2, 15, 8, 2

Haec oratio pertinet ad alimenta, quae testamento vel codicillis fuerint relicta sive ad testamentum factis sive ab intestato. idem erit dicendum et si mortis causa donata fuerint relicta vel ab eo, cui mortis causa donata sunt, relicta. sed et si condicionis implendae gratia relicta sunt, adhuc idem dicemus. plane de alimentis, quae non mortis causa donata sunt, licebit et sine praetore auctore transigi.

D. 2, 15, 8, 3

Sive igitur in menses singulos sive in dies sive in annos fuerint relicta, oratio locum habet. sed et si non fuerint perpetuo relicta, sed usque ad annos certos, idem est.

D. 2, 15, 8, 4

Si integra quantitas alicui fuerit legata, ut ex usuris eius se alat et mortis tempore pecunias restituat: non cessabit oratio, licet non in annos singulos videatur id relictum.

D. 2, 15, 8, 5

Sed[1] si sit certa quantitas relicta Titio vel res ita, ut inde alimenta Seio praestentur: magis est ut transigere Titius possit, nec enim transactione Titii minuuntur alimenta Seii. idemque est et

---

[1] [et] ,   vd. Mo. - Kr. ,   nt. 17.

D. 2, 15, 8, 2

这一诏书涉及在遗嘱和遗嘱附书【无论是与遗嘱相关的遗嘱附书，还是无遗嘱继承中的遗嘱附书】中提到的抚养费。即使抚养费是基于死因赠与，或者由死因赠与的受赠人承担，也适用同样的规则。然而，即使支付抚养费作为履行的条件，仍然是适用相同的规则。当然，如果涉及的不是作为死因赠与的抚养费，即使没有获得裁判官的批准缔结和解协议也将是可以的。

D. 2, 15, 8, 3

因此，无论涉及的是每月、每天或者每年的抚养费，都可以适用该诏书的规定。即使涉及的并非是永久期间，而仅仅是一定年限内的抚养费，也是同样【适用该诏书的规定】。

D. 2, 15, 8, 4

如果某人被遗赠了一笔存款，为的是用其利息支付抚养费，并在【受遗赠人】死亡时返还该笔款项。这不会导致马可·奥勒留皇帝的诏书不能适用，尽管该笔金钱不是为了某些个别年份而遗留的。

D. 2, 15, 8, 5

然而，如果留给蒂兹奥一笔【款项】或者某个物，为的是从中支付对塞奥的抚养费，比较可取的观点是，蒂兹奥可以达成和解。因为蒂兹奥缔结的和解并不会减少塞奥的抚养

si per fideicommissum ad hoc alimenta a legatario[1] fuerint relicta.

D. 2, 15, 8, 6

Eam transactionem oratio improbat, quae idcirco fit, ut quis repraesentatam pecuniam consumat. quid ergo si quis citra praetoris auctoritatem transegerit, ut quod per singulos annos erat ei relictum, consequeretur per singulos menses? aut quid si, quod per singulos menses ei relictum erat, consequeretur per singulos dies? quid deinde si, quod consummato anno ut acciperet, initio anni consequatur? et puto eam transactionem valere, quia meliorem condicionem suam alimentarius tali transactione facit: noluit enim oratio alimenta per transactionem intercipi.

D. 2, 15, 8, 7

Nihil autem interest, utrum libertini sint quibus alimenta relicta sunt an ingenui, satis locupletes an minus.

D. 2, 15, 8, 8

Vult igitur oratio apud praetorem de istis quaeri: in primis de causa transactionis, dein de modo, tertio de persona transigentium.

---

[1] £ per fideicommissum alimenta ad hoc legatario ¤ , vd. Mo. – Kr. , nt. 18.

费。这同样也适用于通过遗产信托使基于这一目的产生的受遗赠人承担支付抚养费的情形。

D. 2, 15, 8, 6
该诏书禁止缔结这样的和解协议,即允许某人提前消费预先支付的现金。那么,如果某人未经裁判官批准缔结了一项和解协议,为的是使过去逐年向他支付的款项改成按月支付,该和解协议效力如何呢?又或者是使过去逐月向他支付的款项改成按天支付,该和解协议效力又如何?如果是使本应在年末收取的款项改在年初收取,该和解协议效力又如何?我认为这类和解协议有效,因为抚养费的受益人通过这类和解协议改善了他的状况。事实上,该诏书的规定是想要使抚养费【的支付】不会因为和解协议而中断。

D. 2, 15, 8, 7
至于被遗留抚养费的人究竟是解放自由人还是生来自由人,是富有还是贫穷,这都完全无关紧要。

D. 2, 15, 8, 8
因此,皇帝诏书的规定是要在裁判官面前对这些方面进行调查:首先是达成和解的原因,其次是和解标准,最后是缔结和解协议的各方当事人。

D. 2, 15, 8, 9

In causa hoc erit requirendum, quae causa sit transigendi: sine causa enim neminem transigentem audiet praetor. causae fere huiusmodi solent allegari: si alibi domicilium heres, alibi alimentarius habeat: aut si destinet domicilium transferre alter eorum: aut si causa aliqua urgueat praesentis pecuniae: aut si a pluribus ei alimenta relicta sint et minutatim singulos convenire difficile ei sit: aut si qua alia causa fuit, ut plures solent incidere, quae praetori suadeant transactionem admittere.

D. 2, 15, 8, 10

Modus quoque pecuniae, quae in transactionem venit, aestimandus est: ut puta quantitas transactionis. nam etiam ex modo fides transactionis aestimabitur. modus autem pro aetate cius, qui transigit, arbitrandus est et valetudine: nam alias cum puero, alias cum iuvene, alias cum sene transigi palam est: constat enim alimenta cum vita finiri.

D. 2, 15, 8, 11

Sed et personarum contemplatio habenda est, hoc est, cuius vitae sint hi, quibus alimenta relicta sunt: utrum frugi vitae hi sint, qui alias sufficere sibi possint, an sequioris, qui de alimentis pendeant. in persona eius, a quo alimenta relicta sunt, haec erunt specianda: in quibus sunt facultatibus, cuius propositi, cuius opinionis. tunc enim apparebit, numquid circumvenire velit eum, cum quo transigit.

D. 2, 15, 8, 9

对于调查的案件,应当调查和解的原因是什么,因为裁判官不允许任何人欠缺原因进行和解。人们通常将【和解】的原因归入这一类,即如果继承人的住所在某地,而抚养费的受益人的住所在另一地;或者他们中的其中一方决定搬迁住所;或者存在某个紧急需要现金的原因;或者是由多个人对被抚养人承担支付抚养费的,很难将他们逐一召集起来;或者存在其他的原因。许多原因经常能够说服裁判官批准缔结该和解协议。

D. 2, 15, 8, 10

还应当对达成和解的金钱数额进行评估,例如【对】和解的总额【评估】。因为,从金钱数额也可以考量和解的可信赖度。对金钱数额的审查应当与缔结和解协议的当事人的年龄以及健康状况结合起来考虑。因为,显然能够就抚养费以某种方式与儿童达成和解协议,以另一种方式与某个年轻人达成和解协议,再以其他方式与某个老年人达成和解协议,因为人们知道抚养费是伴随终生的。

D. 2, 15, 8, 11

然而,也应当考虑到人,即那些被支付抚养费的人所拥有的生活水准:他们拥有有尊严的生活,并能够自给自足;还是生活非常贫穷,依靠抚养费生活。至于那些承担支付抚养费义务的人,应当在这些方面对他们进行审查:财产状况如何【?】基于何种目的【?】持有何种观点【?】因为,这样就会清楚他是否想欺骗与之缔结和解协议的人了。

D. 2, 15, 8, 12

Qui transigit de alimentis, non videbitur neque de habitatione neque de vestiario transegisse, cum divus Marcus specialiter etiam de istis transigi voluerit.

D. 2, 15, 8, 13

Sed et si quis de alimentis transegerit, non habebit necesse etiam de habitatione vel ceteris invitus transigere: poterit igitur vel de omnibus simul vel de quibusdam facere transactionem.

D. 2, 15, 8, 14

De calciario quoque arbitrio praetoris transigendum est.

D. 2, 15, 8, 15

Si uni pluribusve fundus ad alimenta fuerit relictus velintque eum distrahere: necesse est praetorem de distractione eius et transactione arbitrari. sed si pluribus fundus ad alimenta fuerit relictus et hi inter se transigant: sine praetoris auctoritate facta transactio rata esse non debet. idem est et si ager fuerit in alimenta obligatus: nam nec pignus ad hoc datum inconsulto praetore poterit liberari.

D. 2, 15, 8, 16

Arbitratu praetoris vel de universis alimentis vel de parte eorum transigi oportere plus quam manifestum est.

第十五章 关于和解 247

D. 2, 15, 8, 12

就抚养费达成和解的人,并不被认为是就居住权或者衣服达成和解,因为圣·马可【·奥勒留皇帝】已经规定了,对于这类物应当专门缔结和解协议。

D. 2, 15, 8, 13

然而,即使某人已经就抚养费缔结了和解协议,如果他并不希望,则不需要再就居住权和其他的物缔结和解协议。因此,可以或者同时针对全部的物缔结和解协议,或者仅就一些物缔结和解协议。

D. 2, 15, 8, 14

就买鞋的钱款达成和解也必须经过裁判官的审查。

D. 2, 15, 8, 15

如果是对一个或者多个人留下一块土地用于支付抚养费,他们想要转让这块土地,必须要由裁判官对【该土地】转让以及【支付抚养费】和解协议进行审查。如果一块土地被留给多个人用于支付抚养费,他们之间缔结了一个和解协议,没有获得裁判官批准达成的和解不应当受到其【裁判官】的保护。这同样也适用于在一块农地上设立质押担保对抚养费的支付的情形,因为基于这一目的的质押未经裁判官的同意不能够【因为某项和解而】被免除。

D. 2, 15, 8, 16

非常明确的是,无论是就整个抚养费还是仅就部分抚养费达成和解,都需要经过裁判官的审查。

D. 2, 15, 8, 17

Si praetor aditus citra causae cognitionem transigi permiserit, transactio nullius erit momenti: praetori enim ea res quaerenda commissa est, non neglegenda nec donanda. sed et si non de omnibus inquisierit, quae oratio mandat, hoc est de causa de modo de personis transigentium, dicendum est, quamvis de quibusdam quaesierit, transactionem esse irritam.

D. 2, 15, 8, 18

Sed nec mandare ex hac causa iurisdictionem vel praeses provinciae vel praetor poterit.

D. 2, 15, 8, 19

Transactiones alimentorum etiam apud procuratorem Caesaris fieri possunt: scilicet si a fisco petantur alimenta. secundum quae et apud praefectos aerarii transigi poterit.

D. 2, 15, 8, 20

Si cum lis quidem esset de alimentis, transactum autem de lite fuisset: transactio valere inconsulto praetore non potest, ne circumveniatur oratio. fingi enim lites poterunt, ut transactio etiam citra praetoris fiat auctoritatem.

第十五章 关于和解

D. 2, 15, 8, 17

如果【当事人】诉诸的裁判官允许未经审理而达成和解，该和解无效。因为裁判官被要求对该和解进行调查，既不能忽略【职责】不作调查，也不能将其作为一项赠与。如果没有对皇帝诏书规定的全部事务进行调查，即对【和解的】原因、标准以及缔结和解协议的当事人进行调查，尽管他对【和解的】某些方面进行了调查，也应当说该和解是不正常的。

D. 2, 15, 8, 18

然而，对这类原因【即抚养费和解的审查案件】，无论是行省总督还是裁判官都不能将司法权委托给其他人【行使】。

D. 2, 15, 8, 19

当然，如果是向国库请求支付抚养费，关于抚养费的和解协议也可以在皇帝代理人处缔结。因此，人们也可以在财政长官那里进行和解。

D. 2, 15, 8, 20

如果存在对抚养费的争议，并且在没有咨询裁判官的情形下就该争议达成了和解，该和解不能够发生效力，从而防止皇帝诏书的规定被规避，因为人们可以伪装争议，旨在不经裁判官批准而对【抚养费】达成和解。

D. 2, 15, 8, 21

Si eidem alimenta et praeterea legatum praesenti die datum sit, et transactum fuerit citra praetoris auctoritatem: id quod datum est imputabitur prius in legatum quod praesenti die datum est, superfluum in alimentariam causam.

D. 2, 15, 8, 22

Si quis de alimentis transegerit sine praetoris auctoritate, id quod datum est in praeterita alimenta cedet. nec interest tantum in quantitate sit debita, quantum datum est, an minus, an plus: nam et si minus sit, adhuc tamen id quod in solutum datum est in praeterita alimenta imputabitur. sane si is, qui de alimentis transegit, locupletior factus sit ea solutione: in quod factus sit locupletior aequissimum erit in eum dari repetitionem: nec enim debet ex alieno damno esse locuples.

D. 2, 15, 8, 23

Si in annos singulos certa quantitas alicui fuerit relicta homini honestioris loci veluti salarium annuum vel usus fructus, transactio et sine praetore fieri poterit: ceterum si usus fructus modicus alimentorum vice sit relictus, dico transactionem citra praetorem factam nullius esse momenti.

D. 2, 15, 8, 21

如果对同一个人给予了抚养费和立即给付的遗赠，并且在没有裁判官批准的情形下达成了和解，那些已经被给付的部分将首先归入应当立即给付的遗赠，其超出的部分作为抚养费。

D. 2, 15, 8, 22

如果某人未经裁判官批准而缔结了关于抚养费的和解协议，那些已经给付的部分归入过去的抚养费中。【按照和解】支付的金额相对于已经给付的金额一样是多或是少则无关紧要，因为即使应当支付的金额更少，但是代替履行而已经给付的部分将总是会归入过去的抚养费之中。当然，如果缔结了抚养费和解协议的人因为该给付而获得了利益，【给另一方】赋予诉权，请求他在获益范围内返还所得利益将是非常公平的，因为不应当通过使他人遭受损失的方式使自己获益。

D. 2, 15, 8, 23

如果是留给一个社会地位高的人一笔按年支付的款项，比如年薪俸禄或者一项用益权，也可以不经裁判官【的批准】达成和解。相反，如果给予的是一项很小的用益权以替代【支付】抚养费，我认为，【这种情形下】未经裁判官批准达成的和解无效。

D. 2, 15, 8, 24

Si cui non nummus ad alimenta, sed frumentum atque oleum et cetera, quae ad victum necessaria sunt, fuerint relicta: non poterit de his transigere, sive annua sive menstrua ei relinquantur. si tamen ita sine praetore transegerit, ut in vicem eorum nummum quotannis vel quotmensibus acciperet et neque diem neque modum permutavit, sed tantum genus: vel ex contrario si pactus fuerit, ut in generibus alimenta acciperet, quae in nummis ei relicta fuissent: vel si vinum pro oleo vel oleum pro vino vel quid aliud commutavit: vel locum permutavit, ut quae erant ei Romae alimenta relicta, in municipio vel in provincia acciperet vel contra: vel personam commutavit, ut quod a pluribus erat accepturus, ab uno acciperet: vel alium pro alio debitorem acceperit: haec omnia habent disceptationem praetoris et pro utilitate alimentarii recipienda sunt.

D. 2, 15, 8, 25

Si ad habitationem certa quantitas sit annua relicta et ita sit transactum sine praetore, ut habitatio praestetur, valet transactio, quia fructus habitationis praestatur, licet ruinae vel incendio subiecta transactio est. per contrarium quoque si pro habitatione, quae erat relicta, placuerit certam quantitatem praestari, transactio rata est et citra praetorem.

D. 2, 15, 8, 24

如果对某人给付的抚养费不是金钱,而是小麦、油以及其他必要的食物等,如果这些物是按年或者按月【给付】的,对其不能进行和解。然而,如果未经裁判官【批准】达成和解,约定以每年或者每月收取钱款代替【给付食物】,并没有改变日期或者标准,仅仅是改变了种类;或者相反,如果约定将过去以金钱方式支付的抚养费改为给付食物;或者用油替换葡萄酒,或者用葡萄酒或者其他任何物替代油;或者改变了地方,将过去在罗马进行的履行改为在某个市镇或者行省接受抚养费,或者相反;或者改变了人,将本应当由多个人进行的受领改为仅由一个人受领,或者接受某个债务人取代另外一个债务人。所有这些都要纳入到裁判官的审查之中,并且应当考虑抚养费的受益人的利益再作出决定。

D. 2, 15, 8, 25

如果给予了一笔按年支付的【金钱】用于居住支出,并且在没有获得裁判官批准的情形下达成和解约定对居住权进行担保,该和解有效,因为尽管该和解的效力受到居住房屋发生火灾或者毁损【等限制】,但是对【该房屋】享有的居住权被提供了担保。在相反的情形下,如果给予的不是居住权,当事人约定应当支付一定金额的钱款,即使未经裁判官的批准,达成的和解仍有效。

D. 2, 15, 9pr. *Idem libro primo opinionum*

Qui cum tutoribus suis de sola portione administratae tutelae suae egerat et transegerat, adversus eosdem tutores ex persona fratris sui, cui heres extiterat, agens praescriptione factae transactionis non summovetur.

D. 2, 15, 9, 1

Transactio quaecumque fit, de his tantum, de quibus inter convenientes placuit, interposita creditur.

D. 2, 15, 9, 2

Qui per fallaciam coheredis ignorans universa, quae in vero erant, instrumentum transactionis sine Aquiliana stipulatione interposuit, non tam paciscitur quam decipitur.

D. 2, 15, 9, 3

Ei qui, nondum certus ad se querellam contra patris testamentum pertinere, de aliis causis cum adversariis pacto transegit, tantum in his interpositum pactum nocebit, de quibus inter eos actum esse probatur. his tantum transactio obest, quamvis maior annis viginti quinque eam interposuit, de quibus actum probatur. nam ea, quorum actiones competere ei postea conpertum est, iniquum est peremi pacto. id de quo cogitatum non docetur.

D. 2, 15, 9pr. 乌尔比安：《意见集》第 1 卷

如果某人对他的监护人提起诉讼只是主张在其管理之下的【财产】中他的份额，并且已经达成了和解，而在他成为他兄弟的继承人之后，为了涉及他兄弟的法律关系又对同一些监护人【因为这些也是他兄弟的监护人】提起诉讼，不应当基于和解产生之前的抗辩拒绝其请求。

D. 2, 15, 9, 1

无论达成的和解是什么，只有那些他们认为是好的，并且各方意见一致而决定的事项才能被提出【和解】。

D. 2, 15, 9, 2

因为共同继承人的欺骗而不知晓真实的整个状况的某人提出了一个和解文件，【但是并】没有订立阿奎里要式口约，则与其说他缔结了一个简约，不如说他被欺骗了。

D. 2, 15, 9, 3

某人在还没有确定他对父亲的遗嘱享有诉权时，就其他事项与相对方缔结了和解简约，只有在能够举证证明在他们之间就该事项缔结了【简约】的情形下，才能够用该简约对抗他。即使订立【简约】的是一个超过 25 岁的人，该和解只是对那些能够举证证明对其缔结了【简约】的事项才能提出，因为通过和解简约消灭那些之后才知道他将对其享有诉权的物，不能表明他对这些物进行过考虑，这是不公平的。

D. 2, 15, 10 *Idem libro primo responsorum*

De re filiorum, quos in potestate non habuit, transigentem patrem minime eis obesse placet.

D. 2, 15, 11 *Idem libro quarto ad edictum*

Post rem iudicatam etiamsi provocatio non est interposita, tamen si negetur iudicatum esse vel ignorari potest an iudicatum sit: quia adhuc lis obesse possit, transactio fieri potest.

D. 2, 15, 12 *Celsus libro tertio digestorum*

Non est ferendus qui generaliter in his, quae testamento ei relicta sunt, transegerit, si postea causetur de eo solo se cogitasse, quod prima parte testamenti ac non etiam quod posteriore legatum sit. si tamen postea codicilli proferuntur, non improbe mihi dicturus videtur de eo dumtaxat se cogitasse, quod illarum tabularum, quas tunc noverat, scriptura contineretur.

D. 2, 15, 13 *Aemilius Macer libro primo ad legem vicensimam hereditatium*

Nulli procuratorum principis inconsulto principe transigere licet.

D. 2, 15, 10 乌尔比安:《解答集》第 1 卷

父亲对不处于他支配权之下的儿子的财产缔结一项和解协议,这是合适的,完全不会损害儿子的利益。

D. 2, 15, 11 乌尔比安:《告示评注》第 4 卷

在判决作出之后,即使没有提起上诉,但如果有人否认判决的存在,或者可以不考虑是否存在判决,因为争议继续存在,就可以进行和解,

D. 2, 15, 12 杰尔苏:《学说汇纂》第 3 卷

某人就遗嘱规定的内容缔结了一个一般性的和解协议,如果之后作为借口说【只】考虑到遗嘱的第一部分规定的遗赠的内容,而没有考虑到后面的部分,这一主张不能获得支持。然而,如果之后提出了遗嘱附书,我认为,如果说他只考虑到遗嘱目录文件中所包含的,他当时知晓的内容,则并非不应当赞同。

D. 2, 15, 13 马切尔:《论二十分之一的遗产【税】法》第 1 卷

君主的代理人未经咨询君主【本人】的意见而达成和解是不合法的。

D. 2, 15, 14 *Scaevola libro secundo responsorum*

Controversia inter legitimum et scriptum heredem orta est eaque transactione facta certa lege finita est: quaero creditores quem convenire possunt? respondit, si idem creditores essent, qui transactionem fecissent, id observandum de aere alieno, quod inter eos convenisset: si alii creditores essent, propter incertum successionis pro parte hereditatis, quam uterque in transactione expresserit, utilibus actionibus conveniendus est.

D. 2, 15, 15 *Paulus libro primo sententiarum*

Pacto convento Aquiliana quidem stipulatio subici solet: sed consultius est huic poenalem quoque stipulationem subiungere, quia rescisso forte pacto poena ex stipulatu peti potest.

D. 2, 15, 16 *Hermogenianus libro primo iuris epitomarum*

Qui fidem licitae transactionis rupit, non exceptione tantum summovebitur, sed et poenam, quam, si contra placitum fecerit rato manente pacto, stipulanti recte promiserat, praestare cogetur.

D. 2, 15, 14 谢沃拉：《解答集》第 2 卷

合法继承人与遗嘱指定的继承人之间产生了争议，并且达成了和解，通过一个明确的规则予以解决。产生的问题是，债权人能够以谁为被告提起诉讼？【谢沃拉】回答说，如果债权人就是那些就【遗产的】债务参与达成和解的同一批人，应当遵照他们之间的约定；如果债权人是其他人，因为继承的不确定性，应当将两人中的任何一人作为被告，就和解协议中规定的【他们各自享有的】遗产部分提起扩用之诉。

D. 2, 15, 15 保罗：《论点集》第 1 卷

一项阿奎里要式口约通常附有一项和解简约，但是也建议在该【要式口约】之外附加一个惩罚性的要式口约，因为万一要撤销该简约，可以通过源于要式口约的诉权请求实施该惩罚。

D. 2, 15, 16 赫尔摩格尼：《[私] 法摘要》第 1 卷

破坏【源于】合法的和解协议所产生的信任的人，不仅仅可以用抗辩拒绝其请求，而且如果他违反了协议，虽然简约仍然有效，但他将被迫使履行之前对要式口约缔结人所承诺的惩罚。

D. 2, 15, 17 *Papinianus libro secundo quaestionum*

Venditor hereditatis emptori mandatis actionibus cum debitore hereditario, qui ignorabat venditam esse hereditatem, transegit: si emptor hereditatis hoc debitum ab eo exigere velit, exceptio transacti negotii debitori propter ignorantiam suam accommodanda est. idem respondendum est et in eo, qui fideicommissam recepit hereditatem, si heres cum ignorante debitore transegit.

D.2，15，17 帕比尼安:《问题集》第 2 卷

某项遗产的出卖人通过委托将诉权转让给了买受人，然后与不知晓该遗产已被出售的某个遗产债务人达成了一项和解。如果遗产的买受人想要向其主张履行该债务，基于债务人的不知情，应当允许债务人使用关于达成和解事项的抗辩。如果是某人接受了一项遗产信托的遗产，若继承人已经和不知情的【遗产】债务人达成了和解，对此的回答也是一样。

译后记

翻译《学说汇纂》其中一卷是每个到罗马求学的法学学生所承担的光荣的任务与使命之一。能够亲身参与其中，为实现这一宏大的工程贡献一份微薄之力，我倍感荣幸。

然而，真正着手翻译时才发现本卷内容尽管不多，翻译起来却并不容易。这当然也是囿于自身语言水平，更主要的则是由于对司法管辖这一部分的专业知识相对陌生，翻译过程中常常会为某一个术语的含义到处查资料补课，以寻找与相关拉丁语最相符合的中文表达。此外，对于罗马法原始文献的翻译，常常会存在忠于原文与中文句法顺畅之间，以及字面意义与文义翻译之间的取舍冲突，让人纠结摇摆。特别是在司德法（Stefano Porcelli）博士对译文校对过程中，他逐字逐句地与我探讨译文是否符合原文的字词与句法结构。在这样一种严格与不妥协的精神感召之下，最终本卷的翻译总体上以忠实反映原文内容为首要目标，在许多地方为了最大限度地符合原文，在一定程度上牺牲了中文表达的顺畅雅致，力求能够先达到翻译的第一层境界"信"。当然，由于译者自身语言和专业能力所限，翻译中错漏难免，诚挚恳请各位方家不吝指正。

对于本书的翻译，要感谢桑德罗·斯奇巴尼（Sandro Schipani）教授的指导与信任，使我能够有机会亲身接触并仔细体会罗马法原始文献的精髓；感谢陈小君老师一路的鼓励与支持，并推荐我到罗马留学，为我拓展学术视野打开了一片新的天地；感谢司德法博士细致严谨的校对，正是他的认真甚至是较真，才让本书能够以更好的面貌呈现在读者面前。

虽然早已结束学业回国，但是直到本书的翻译完成，才真正为我的罗马求学经历划上了一个句号。因此，要感谢在留学期间卡尔多·卡尔蒂里（Riccardo Cardilli）教授细致耐心的指导与教诲，如果没有他的引领，我在罗马求学的收获可能要少得多。感谢马新彦老师一直以来对我的关心和督促，鞭策我努力向前，感谢薛军老师为我提供了罗马留学的机会，并一直作为榜样引领我们前进。感谢徐涤宇老师、麻昌华老师在学习、工作与生活各方面给予我的关怀与帮助。感谢费安玲老师、徐国栋老师和丁玫老师，他们在罗马给予的指导和关怀，让异乡求学的学子倍感温暖。在本书翻译过程中，还有幸获得徐国栋老师赠与关于译名统一的《罗马法与现代民法》一书，从中受惠颇多。感谢我在罗马的同学和朋友们，李中原、宋晓君、罗智敏、陈汉、阮辉玲、王莹莹、娄爱华、丁超、曾健龙、肖俊、徐铁英、李俊、胡东海、张晓勇、周杰、黄美玲、汪洋、翟远见、罗冠南、李超博士等，他们在学习和生活中给予了我许多支持与帮助，我亦有幸能在留学生涯中遇到这些良师益友。

最后要感谢的是我的父母,有他们无条件的支持与付出,我才可能心无旁骛地完成罗马求学的历程。

陈晓敏
2016 年 6 月 30 日于小南湖畔

声　　明　　1. 版权所有，侵权必究。

　　　　　　2. 如有缺页、倒装问题，由出版社负责退换。

图书在版编目（CIP）数据

学说汇纂. 第二卷, 司法管辖/(古罗马) 优士丁尼著；陈晓敏译；(意) 司德法校. —北京：中国政法大学出版社，2017.12

ISBN 978-7-5620-7929-3

Ⅰ.①学… Ⅱ.①优… ②陈… ③司… Ⅲ.①罗马法—研究 Ⅳ.①D904.1

中国版本图书馆CIP数据核字(2017)第302647号

出 版 者	中国政法大学出版社
地　　址	北京市海淀区西土城路25号
邮寄地址	北京100088 信箱8034分箱　邮编100088
网　　址	http://www.cuplpress.com（网络实名：中国政法大学出版社）
电　　话	010-58908285(总编室)　58908334(邮购部)
承　　印	固安华明印业有限公司
开　　本	880mm×1230mm　1/32
印　　张	9.5
字　　数	182千字
版　　次	2017年12月第1版
印　　次	2017年12月第1次印刷
定　　价	38.00元